本书由渭南师范学院优秀学术出版基金资助出版

# 高校体育教学理论探索与实务研究

杨　枭◎著

Research On The Theory And Practice Of
Physical Education Teaching In
Colleges And Universities

中国社会科学出版社

图书在版编目(CIP)数据

高校体育教学理论探索与实务研究／杨枭著.—北京：中国
社会科学出版社，2016.11
ISBN 978 – 7 – 5203 – 0283 – 8

Ⅰ.①高…　Ⅱ.①杨…　Ⅲ.①体育教学 – 教学研究 – 高等
学校　Ⅳ.①G807.4

中国版本图书馆 CIP 数据核字（2017）第 094596 号

出 版 人　赵剑英
责任编辑　任　明
责任校对　刘　娟
责任印制　李寡寡

出　　版　中国社会科学出版社
社　　址　北京鼓楼西大街甲 158 号
邮　　编　100720
网　　址　http：//www.csspw.cn
发 行 部　010 – 84083685
门 市 部　010 – 84029450
经　　销　新华书店及其他书店

印刷装订　北京市兴怀印刷厂
版　　次　2016 年 11 月第 1 版
印　　次　2016 年 11 月第 1 次印刷

开　　本　710×1000　1/16
印　　张　16
插　　页　2
字　　数　226 千字
定　　价　69.00 元

# 前　言

当前，进一步深入发展高校体育教学是实现中华民族伟大复兴的中国梦与中国体育强国梦的重要内容，是高校培养身心全面发展并具有良好社会适应能力的优秀人才和合格社会建设者的有效途径，这就必须彻底摒弃传统高校体育教学的形式化，树立科学的体育教学理念，重视新形势下体育教学理论的发展和创新，为高校体育教学实践提供理论指导。基于此，特撰写《高校体育教学理论探索与实务研究》一书，旨在促进我国高校体育教学改革。

本书以高校体育教学为研究重点，重视体育教学与其他学科之间的联系，侧重于现代体育教学理论、教学理念以及教学技术的创新性探索，对构成高校体育教学这一系统的各个要素（教学内容、教学设计、教学模式、教学评价、教学管理等）进行了深入的分析与研究，为当前新形势下高校体育教学的发展以及优秀体育教育人才的培养提供了理论指导，对当前从事高校体育教育教学的一线工作者提高高校体育教学质量、完善高校体育教学过程、优化高校体育教学效果具有重要的启发意义。

全书共九章，从理论和实践两个层面对高校体育教学进行了研究。第一章为体育教学概述，主要内容包括体育教学的概念与目标、体育教学的特点与功能、体育教学的现状及发展；第二章为高校体育教学基础理论研究，在分析体育教学理论及其价值的基础上，对于体育教学相关的学科进行了分析，阐述了体育教学与这些学科的关系，详细地介绍了体育教学的基本原则与方法；第三章为高校体育教学的创新性探索，着重分析了现代体育教育新理念以及现代体育教学的人文主义探索，并对体育教学中新教育技术的应用进行了研究；第四章至第八章分别对高校体育教学内容、高校体育教学设计、高校体育教学模式、高校体育教学评价以及高校体育教学管理的理论知识、教学实践以及创新发展进行了深入、系统的分析和探讨；第九章为新形势下体育教育人才的培养，重点分析了我国体育教育教学体系、体育教育专业学生的科学培养，对高校体育弱势群体的赏识教育进行了研究。整本书理论与实践有机结合，不仅体现在不同章节之间，还体现在同一章节内部。此外，本书还突出了系统性、实用性和时代性特点。首先，本书逻辑清晰、结构完整、内容系统全面；其次，本书的理论研究和战略性观点的提出是建立在我国高校体育教学现状的基础之上的，符合高校体育教学的发展规律和特点，指导性强、实用性强；最后，本书是在我国高校体育教学的改革和发展时期进行的科学研究，充分体现了时代性特点。

　　在撰写过程中，本书参考了许多专家和学者关于学校体育教学方面的书籍和资料，在此表示敬意和感谢。由于水平所限，本书难免存在不妥之处，恳请广大读者批评指正。

杨　枭

2015 年 8 月

# 目　录

# 第一章

# 体育教学概述

作为传播体育理论和体育实践知识的重要途径，体育教育有助于培养学生体育方面的才能，促进学生德、智、美等诸多方面素质的全面发展。本章主要从体育教学的概念与目标、特点与功能以及体育教学的现状和发展进行分析与研究，为体育教学实践活动的开展奠定一定的理论基础。

## 第一节 体育教学的概念与目标

### 一 体育教学的概念

体育教学是众多学科教学的一种具体形式，为了更深入地认识体育教学的概念，就需要首先了解教学的相关知识，对教学的基本含义进行分析是认识体育教学的重要前提。

#### （一）教学的概念

"教学"是一种动态行为，是教学工作者对具体的学科或技能组合进行的一种有组织、有计划的教学行为。可以从宏观和微观两个方面对教学的含义进行分析，具体如下。

首先，从宏观角度分析，教学是一种特殊的教育活动，它是指教学者就一种或多种文化为对象，对受教者进行教育，以期让受教者获得这种文化的活动。其中的教学者是掌握某种知识或技能的人，他与接受教育的人共同构成教学的主体。

其次，从微观意义上讲，教学是一种直观的教师进行教授和学生进行学习的活动，在这个活动中，教师是教学的引导者，是教学活动的组织者和知识传授者；学生是教学的"受众"和主体，简而言之，教学是一种以特定文化为对象的"教"与"学"的活动。

综上所述，可以认识到，教学是一种教育活动，这种活动需要教师和学生的共同参与，并为了实现某一具体的教学目标而相互协作。

(二) 体育教学的概念分析

1. 体育教学是一门学科

体育教学包括体育教学目标、教学内容、教学评价等内容。体育教学是一种特殊的教学课程，它以发展学生体能，增进学生身心健康为主要目标，配合德、智、美、劳进行教学，促进学生身心全面发展。体育教学最重要的教学组织形式是课程教学，作为一门较为特殊的课程教学，体育课程教学的目的是促进学生在德、智、美三方面全面发展的同时，促进学生的身体素质的提高和身心健康，以保证教学目标的顺利实现。体育课程教学的概念更加侧重于体育运动知识与技能的学习与掌握，但在学生对体验和参与体育运动的认识、情感与社会适应等方面没有给予充分的关注。

2. 体育教学是教育的组成部分

体育教学是在教师的指导下，从生物科学、教育学、心理学、社会学、哲学等学科中获得知识，在体育与健康方面有计划、有目的、有组织地进行以身体锻炼为载体的活动，它与德、智、美、劳的教育课程相配合，共同促进学生身心全面发展。除了运动能力的教育还有些许欠缺，在体育运动、体育活动与训练的教育方面都能够促进学生身心发展，这也是素质教育的主要内容。

3. 体育教学是活动

体育教学主要是有目的、有计划、有组织的相关体育活动的组合。有关研究学者也提出了相似的看法："现代体育教学是为了使学生能在身体、运动认识、运动技能、情感和社会适应能力方面和谐发展的有计划、有组织的活动。"体育教学不仅仅只是把理论知识背熟就可以，它是在参与运动技能的基础上，有一定技能进行的体育活动，达到体育参与一定运动技能的标准，是体育感受体验的积累。

（三）体育教学的要素构成

体育教学既不是完全的游戏和娱乐活动，也不是一种随意的、随心而行的教学活动，它是由多种要素共同组成，才得以正常、合理、科学地开展。一般来说，体育教学的构成要素主要包括以下几个方面。

1. 体育教师

体育教师是体育教学活动的组织者、指导者，同时也是知识的传授者。如果没有体育教师的参与，那么体育教学也就不会存在，这主要是因为缺少体育教师这一要素，体育教学也就缺少了"组织者"和"指导者"。在体育教学中，体育教师既是课程设计的参与者，同时也是课程教学的实施者。因此，体育教师是体育教学中的主导因素。

2. 学生

学生是体育教学中的受教育者，是体育教学的主要对象。在体育教学中，学生是最为活跃的因素，是主体因素。

3. 教学环境

教学环境是指开展体育教学活动所需要的硬件和软件条件的综合。就体育教学而言，良好的体育教学环境在其中有着非常重要的影响，如果缺少良好的体育教学环境，那么整个的体育教学质量就会受到很大的影响，甚至会对体育教学的顺利开展产生非常严重的影响。

4. 教学目标

教学目标是体育教师组织开展体育教学的根本依据，如果体育教学中缺少教学目标，那么后续的工作就无法正常开展。体育教学目标涉及多个方面和多个层次，它是体育教学中的定向因素和评价因素。

5. 教学内容

体育教学内容主要是由内容实体（体育课程）和内容的载体（体育教材）共同组成的。体育教学内容是体育教师根据体育学科的体系、学生的需要和社会的需求选编出来的。如果缺少了体育教学内容，那么体育教学就显得非常空洞。

6. 教学过程

教学过程是体育教学中的最为中心的要素。如果缺少这一要素，体育教学也就无法得到时间、空间和程序上的支撑，更无法进行体育教学的组织和管理。

7. 教学方法

在体育教学中，体育教学方法与体育教师、学生和体育教学目标等要素有着非常密切的联系，它是体育教师根据体育教学目标和学生的实际情况所选择的有效的教学手段和技术，其中包含了为促进学生加深理解教学内容中的各种信息及其传递的方式。

8. 教学评价

体育教学评价与体育教学目标和体育教师等要素之间有着密切的联系，它是体育教师根据具体的教学目标而制定的各种考核和评价指标，这些指标既包括体育教学的教学情况，也包括学生的学习情况。

## 二　体育教学的目标

学校体育教学目标是学生在实际参加的有关体育内容的教学情景中对于最终学习成果的预期标准。体育教学目标是由体育教师制定的，具有较强的灵活性和实用性；为具体的体育教与学活动提供依据。除此之外，它还是对具体教学过程与丰富教学活动的定向。

体育教学目标又可分为阶段性目标和最终目标，其中阶段性目标是指体育教学各个阶段的目标；阶段性目标的总和就是最终目标，即体育教学的总目标。体育教学总目标是实现体育教学目的的标志。

（一）体育教学目标的特性

通过总结来看，体育教学目标的特性主要表现在两个方面。

1. 预见性和挫折性

首先需要说明的是，体育教学的目标并不是确立之日起在很短的时间内可以达到的，也就是说它并不是已经实现的现实。由此可知，体育教学目标对体育教师和学生共同完成体育教学活动有着很大的指导和激励作用，它是一种对体育教学活动结果的预见与期待。另外，学校体育教学还具有一定的挫折性，因为体育教学目标不是已经存在的现实，因此在实现的过程中会遇到许多不在预期之内的问题和困难，这些困难会给最终要实现教学目标以极大阻碍，要达成目标是需要付出努力，甚至经过非常艰辛的努力才能实现的。

2. 方向性和终结性

学校体育教学目标能够反映出特定的价值取向，这也说明了它带有明确的方向性。在实际的学校体育教学中，这个方向性也是非常直观、明确地展现在体育教学主体面前，如他们应走向什么方向，走到哪里等。

而体育教学目标的终结性不是体育教学的终止。体育教学目标的完成意味着下一个更高更强的体育目标的建立和开始，这个"终结点"只是整个体育过程的互相联系的一个一个的"歇脚点"。

（二）体育教学目标的功能

学校体育教育目标的功能主要表现在三个方面。

1. 体育教学目标是选择教学内容与方法的重要依据

体育教学中包括的内容较为广泛，除最为常见的体育运动项目技能外，还会学习一些和体育与保健相关的知识与技能。而正确合理的体育教学目标可以界定体育教学内容的范围，对教学内容的选择起到导向作用，并且对其做出最有价值的判断。另外，对于相应的教学内容选择对应的教学方法也是要以体育教学目标为依据的。

2. 体育教学目标是组织教学活动的重要依据

体育教学目标的高低决定了体育教学活动组织的严谨程度和方法。它会对体育教学内容的结构形式和教学的组织形式产生影响，指导体育教学的具体实施。例如，较低的体育教学目标（体育教学的子目标）可以轻易完成，因此在对其相关内容进行教学时可以组织得相对轻松一些；对待较高的目标则需要严谨、紧张、细致的教学组织。

3. 体育教学目标是教学评价的重要依据

对于体育教学的结果都要进行系统、客观的评价，以此获得有效数据和结论以用于反馈给体育教学管理部门。此后，相关部门会根据这些评价调整体育教学中的各种指标，促进教学水平的进步以及与学生的适配性。总的来看，学校体育教学目标是评价体育教学价值和效果的主要依据，它是进行学校体育教学评价的基本标准。由此可知，体育教学目标为学校体育教学评价提供了依据。

（三）体育教学目标制定的依据

1. 以人体的发育规律为依据

根据我国体育教学的现状来看，受教育对象的人体发育规律对教学的影响非常重要。人体发育有几个敏感期，这些敏感期对体育素质的培养有着非常重要的作用，抓住这几个敏感期进行体育教学可以达到事半功倍的效果。根据近几年的调查研究发现，按照我国国民的个体发育规律，各项素质发展的最高峰的年龄主要集中在学生时期，特别是大学时期。体育教学可以充分满足大学生的身心发展需求。在高校期间，要制订更加系统、合理、科学的体育教学计划，此阶段的教学最有可能会让学生受益终身。这也是体育教学的根本目标。

2. 以个体参与体育运动的兴趣与能力为依据

体育教学要想取得最佳的教学效果，就必须吸引学生的关注，提高学生参与体育运动的兴趣。要想提高学生的学习兴趣，就要根据学生生理、心理和智力的特点，将体育运动的趣味性、目的性、对抗性等相结合，使学生由浅入深、由易到难地逐渐掌握体育运动知识，从而获得参与体育运动的基本能力。而且教师还要注重学生对体育运动的兴趣，来提高欣赏体育运动以及参与运动的能力，使其成为学生终身的爱好。

3. 以促进个体综合素质的全面发展目标为依据

体育运动不仅仅只是提高学生的运动技能，还要综合发展学生的综合素质。在培养德育方面，一些体育运动项目要求学生克服内在和外在的双重障碍，培养学生坚定的意志和顽强的毅力。无论遇到怎样的困难都要遵循道德规范和准则，努力实现自己的目标。在智育方面，体育运动项目中，很多运动项目都要求运动者具有高速判断、分析、思维、想象的能力，让运动者智力得到良好的开发。在美育方面，体育本身就是健康美、形体美的代名词，无时无刻不在培养学生对美的感受能力、鉴赏能力、表现能力以及创造能力。因此，在制定教学目标时要考虑选择合理的教学内容，使学生的德、智、美的综合素质得到全面发展。

体育教学的目标能够把握体育教学的方向，是体育教学研究非常重要的一个部分，对教学改革发展起着至关重要的作用。

（四）体育教学目标的制定

1. 体育教学目标制定的步骤

（1）对体育教学对象进行分析。学生的学习需要是指学习者学习成绩、学习态度等的现状与体育教学目标之间的差距。分析学习者能力与条件是指学生在体能、运动技能、体育知识等方面已经具备的能力与条件。在对学生的学习需要与能力条件认真分析的基础上才有可能设置合理有效的学校体育教学目标。

（2）对体育教学内容进行分析。在制定体育教学目标时，要认真分析体育教学内容的特点与功能，这是因为制定具体的体育教学目标终归离不开具体的体育教学内容。教学内容的不同自然带来了不同的特点与功能。无目标的体育教学内容，注定也就没有教学内容的目标。

（3）编制体育教学目标。在分析完体育教学内容后，就要开始着手制定体育教学目标了。体育教学目标是指导体育教学活动设计、实施和评价的基本依据，它通常在"单元"或"课"的教学计划中按照课程的水平目标分别陈述。

2. 体育教学目标陈述

通常认为，体育教学目标陈述主要包括四个方面的要素。

（1）明确目标的行为主体。体育教学目标注重学生学习产生的变化和结果，而不应是像以往那样单纯以教师的"教"为行为主体的过程。现代，包括未来的教学都要以学生作为行为主体。因此，对于体育教学目标的陈述也就要注意突出体现这一趋势。

（2）准确使用行为动词。体育教学目标应采用行为动词来描述体验性目标和结果性目标，以区分学习结果的层次性。

（3）规定学习条件。在体育教学目标的陈述中要注意将教学条件一一描述出来。体育教学设计的准备工作和体育资源较多，这些都是体育教学中不可或缺的内容，就教学条件来讲一般包括情景、环境和信息三大条件。

（4）说明预期效果。体育教学目标的陈述中必须要有经过教学活动后预期达到的效果。另外，在对预期效果进行描述时要以学生为主体，且语言通常为肯定句。

3. 体育教学目标制定的要求

（1）连续性。体育教学目标是通过若干年级目标、单元目标、课时目标的实现最后加以实现的，在不同年级之间、同一年级前后之间、不同单元之间等既有一定的独立性，又有相互联系与影响。因此，制定体育教学目标，无论是年级、单元，还是课时之间都注意相互之间的连续性。

（2）层次性。无论是体育情感目标、认知目标、运动技能目标，还是增强体能目标本身都有一个从低到高的层次。各领域目标之中，都有从低到高的层次。

（3）可操作性。体育教学目标的制定应具体、明确，便于操作，有利于给体育教学活动的过程以清楚的导向，并且目标制定得还要便于最终对教学效果的评价；体育教学目标的制定应尽量利于测量和评价。

4. 体育教学目标制定的注意事项

（1）应具有教育价值。体育教学的目标要具有教育价值，在实际的体育教学中，有些体育教师过于强调目标分解和细节。结果制定了一些体育价值并不大，甚至没有价值的目标，这极大地影响了体育教学效果。

（2）应与体育课程目标相关。学校体育课程目标是体育教学目标的上位目标，每一个下位目标都必须与上位的目标有机衔接，并与之相一致。

（3）应与学生实际情况相适应。学生的需要、能力、条件等实际是制定体育教学目标的前提与基础，只有体育教学目标与学生实际情况相适应，这个目标才称得上是合理的目标，学生在追求这个目标的过程中才能获得相应的进步和增加对体育运动的兴趣。

（4）目标描述应准确直白。只有当学校体育课程教学实施的人能像目标制定者那样理解其中要达到的结果时，目标才是有效的。

（5）应找到学生与内容的结合点。在制定体育教学目标时，必须考虑体育教学的对象和教学内容两个因素。要使目标符合学生的实际，必须认真考虑学生的需要及要达到的学习结果。

（6）体育教学目标应注意及时调整。无论体育教师考虑得多么周密，体育教学目标制定得多么明确具体，其体育教学过程也不是一成不变的。体育教学根据实际情况及时调整既定目标。

（五）体育教学目标的实现途径

体育与健康课、课外体育活动与其他体育健身活动等内容是高校体育教学工作的主要内容，同时也是体育教学目标实现的基本方法。

1. 体育与健康课

体育与健康课是必修课，它是以教育部制订的教学计划为依据而开设的。体育与健康课是系统地对学生进行体育教育的课程。高校体育的基本组织形式也是体育与健康课。体育与健康课有三个基本特征。

（1）体育与健康课的课程标准是有一定规定的，授课的班级也是相对固定的。

（2）体育教师是专业的，场地、设备与器材也有较好的保证。

（3）体育与健康课有规定的考评，学生毕业与升学都要进行体育与健康课的测试。

2. 课外体育活动

我国高校体育目标得以实现的重要组织形式之一是课外体育活动。课间操、体育锻炼、早操、课外体育训练、课余体育竞赛以及在校外进行的郊游（夏令营、冬令营）等是课外体育活动的重要形式。课外体育活动具有四个方面的意义。

（1）课外体育活动能够提高学生学习体育知识和技能的积极主动性。

（2）有利于学生运动能力的提高，对学生自觉锻炼身体的意识和习惯具有积极的培养作用。

（3）有利于学生体质的增强，能够发展学生的体育兴趣与爱好。

（4）学生的课余体育生活能够得到丰富，学习和生活质量等也会有所提高。

3. 其他体育健身活动

其他体育健身活动是指在高校教育的各个环节中开展的有利于学生增进健康、增强体质的活动。这些健身活动也是实现体育教学目标的主要途径。

# 第二节　体育教学的特点与功能

## 一　体育教学的特点

体育教学与其他学科的教学存在着共性，同时又有自身的特性。体育教学与其他学科教学的共性主要体现在三个方面。首先，体育教学与其他学科教学的目的都是传授某种知识或技能。其次，体育教学和其他学科的教学都属于教师与学生的双边活动。教师与学生在教学活动中会有各种形式的交流，如语言上的交流和肢体动作的交流等。过往这种交流更多的是从教师到学生（教师传授给学生某种知识和技能），现代教学要求教师开始注重使这种交流转向从学生到教师。最后，体育教学和其他学科的教学均是以班级为单位开展教学活动，实际的教学过程中，班级教学的组成方式会根据需要有所不同，如学生入学时组成的自然班，或根据学生的不同兴趣组成的单项班等。

这里重点对体育教学区别于其他学科教学的特点进行分析阐述。

（一）教学环境的开放性

一般学科的教学主要是室内，而体育教学场所多为室外，目前，我国各级院校的体育教学多以体育实践课为主，体育教师组织的大多数体育课主要在学校操场进行。与其他学科主要是在封闭的教室、实验室等地方开展教学活动不同，体育教学的教学空间富有变化性，环境更加开放，即体育教学环境具有开放性特点。

体育教学环境的开放性决定了体育教学具有不同于室内教学的特殊要求，开展教学活动应注意以下几点。

首先，一般来说，室外活动受干扰因素多，如天气、地形、周边设施与噪声等，体育教学的组织管理工作愈加复杂，需要精心设计与统筹安排体育教学的组织形式、教学步骤与方法，以保证室外体育活动正常、有序地开展。

其次，室外的体育教学是动态的，大部分的教学时间学生都处在不断变化与形式多样的运动中，而且班级内学生较多，教师可采取分组教学。

最后，由于一些学校的体育基础设施条件较差，体育教师应重视和加强学生的安全教育。

（二）教学过程的直观性

体育教学以身体练习为主，身体是教学的主要载体，因此，教学过程拥有直观性特点。这种直观性主要体现在讲解、示范和教学组织管理三个方面。

1. 教学内容讲解的直观性

在体育教学过程中，教师的讲解必须生动、形象，具有强烈的画面感，具体来说，要求教师对体育教学内容的讲解不仅要达到与其他学科教师讲解同样的要求，还要求体育教师的语言更加生动，并且富有一定的肢体表现能力，以使学生有形象、贴切、有趣的感觉。尤其是在某些拥有较难技术动作的体育运动教学中，教师不仅要对体育教学重点进行详细描述，还要用生动、形象的语言把复杂的技术动作进行简单化讲解，做到深入浅出，以便于学生理解和掌握。

2. 动作技能示范的直观性

体育教学过程中，每一项体育项目的教学都涉及技术动作或战术配合，为了加深学生的理解和认识，教师有必要进行动作示范和实践演示。在教师运用示范法时，需要运用非常直观形象的动作示范，其中包括正确动作的演示和错误动作的演示，这些演示都是非常直观地展现在学生眼前，不能有任何的艺术加工和变形，这样才会使学生从感官上直接感知动作的正确与错误，以利于他们建立正确的、清晰的运动表象。当学生建立正确的动作表象后，再配合教师的讲解，使之与思维结合起来，从而掌握体育知识、体育技术和体育技能，改善身体素质，提高运动水平。

3. 教学组织与管理的直观性

相较于一般学科的教学，体育教学中教师与学生接触更多，关系更融洽，对学生的组织与管理也带有直观性，如要更加富有责任心、更具有活力，身体力行，这对学生的身心也是一种无形的教育。有助于教师对学生的观察与帮助，把控教学过程，也能为学生创造轻松的教学环境，使学生在教学中表现出来的言行都是他们最为真实的一面，有利于体育教师获得正确的教学反馈，并及时修正教学过程。

（三）教学内容的情感性

体育教学内容是非常丰富的，它会涉及多种与体育相关的内容，通过对体育运动项目知识、技能及相关内容的学习，学生可以普遍从中体会到源自体育的丰富情感。体育教学中，学生丰富的情感体验主要表现在三个方面。

1. 体育教学内容的运动美

在体育教学过程中，师生可以体会到只有体育才能赋予人的人体美和运动美。一方面，学生通过接受体育教学，掌握体育健身的方法和技能，达到运动塑身的效果，使身体外在形态保持优美的线条和良好的身材比例；另一方面，学生通过对不同运动的学习，可以认识到人体不同的动作展现出的动作美和肌肉的动态美，这种美只有在运动中才能看到，是极为外显的美。

2. 体育教学内容的精神美

在体育教学中，学习运动项目，了解运动知识能使学生真正领悟体育精神。学生通过参与体育活动可以陶冶情操，平衡心态。如学生在关键时刻始终保持冷静的心态，或是在胜利时表现出谦虚等。而每一项运动都向人们表现出了不同的美的特点和审美特征，如球类运动可以表现个人对球类技术的掌握能力，集体球类项目中除了个人能力外，还包含了与队友之间的协作和互助精神。这些内容都是人类积累下来的丰富的体育内涵，而通过体育教学能促进学生感受到体育的精神美，掌握体育的精髓。

3. 体育教学内容的创造美

体育教学是一种创造性的社会活动，其创造的成果就是让学生获得内在的顿悟和精神上的启迪。同时，体育教学沟通着学生与学生、教师与学生，对提高学生社会适应能力具有重要作用。

此外，在体育教学中，学生通过体育教学中对美的感受，可以提高审美能力。既然有美的存在，那么就要有欣赏美的人和能够欣赏美，懂得如何欣赏美的能力。

（四）教学条件的制约性

体育教学内容丰富，涉及要素较多，因此也会受到多种因素和条件的影响，这就使得体育教学会受到更多客观条件的制约，这是体育教学的重要特点之一。

体育教学活动受到的制约主要来自学生运动基础、学生其他基本情况（年龄、性别、生理和心理特点）、体育教学场地条件、器材、气候等。这些因素都会影响体育教学质量的高低。具体来说，主要表现在两方面。

1. 学生特点的制约

学生是体育教学的主体，是体育教学过程中体育知识与技能传授的受众，与学生有关的诸多情况会对体育教学本身造成一些影响，因此体育教学要想进行得顺利，获得良好的教学效果，就要注重对学生的运动基础以及体质强弱等实际情况的区别对待。这些差异具体如男生与女生不同的身体形态、机能水平、运动能力等，根据这些差异，学校体育教育部门和体育教师在进行教学设计、教材选择和教学组织等方面的工作时就要考虑周全，否则就会影响教学目标和教学效果的实现。

2. 教学条件的制约

教学环境状况会直接影响体育教学效果。在体育教学中，体育教学环境是体育教学的重要载体，其质量的高低对体育教学会产生较大影响。例如，体育教学活动多在户外开展，面临的是严重的空气污染，或邻近马路带来的噪声污染等问题，这些问题则势必会影响体育教学主体在教学活动中的状态与情绪；天气对于室外体育教学的影响也是不能忽视的，这点在早年间越发明显，如遇到雨、雪、大风等恶劣天气时，体育教学不得不被迫停止，转而来到室内进行一些体育理论课的教学，长此以往，不利于体育教学目标的实现。

总之，体育教学受多种体育教学条件的制约，要想顺利开展体育教学，就要摆脱不利于体育教学的各种条件因素的影响，尽量将制约因素的影响程度降至最低。

（五）技能学习的重复性

在体育运动项目的技能学习中，重复练习是学生技能提高的重要基础。新的《体育与健康课程标准》指出，现代体育教学应促使学生完成运动参与，促进学生的身体健康、心理健康，并提高学生的社会适应能力。体育教学最基本的目的则是使学生掌握运动技能，而要达成这一体育教学目的，就必须重复学习运动技能。当然，这里所说的技能学习的重复性，并非是某一运动技能的"简单机械化重复"，而是同一运动技能学习的重复性，在这种重复过程中，学生的运动技能是持续、螺旋提高的。

具体来说，结合体育运动技能的形成具有阶段性和规律性分析，运动技能形成大致分为四个阶段：即练习分解动作阶段、练习连贯动作阶段、独立完成连贯动作阶段和熟练完成连贯动作阶段。学生要想熟练掌握运动技能，需要经过长期的反复练习。学生无论是掌握篮足排运动中的复杂技能，还是学习体操中的滚翻、田径中的跑等技能，都需要经历由不会到会、由简单初步学习到复杂深入学习、由不熟练到熟练的发展过程。

技能学习的重复性要求体育教师在体育教学过程中要严格遵循循序渐进的教学原则，逐步指导学生掌握各种运动技能，根据不同运动技能的特点，合理安排练习内容和时间，通过反复练习，使学生逐步掌握、提高运动技能。

（六）身体活动的常态性

正如前面所言，在体育教学中，学生需要不断重复学习体育运动技能，这也决定了学生在体育教学活动中，要经常进行身体活动，即体育教学具有身体活动的常态性特点。体育课堂教学过程中，教师与学生的身体操练非常频繁，这种几乎常态化的特点成为体育教学非常显著的特点。

体育教学要求学生掌握基本的运动技能，体育教学过程中有很多对身体活动的要求是体育教学与其他学科教学的最大不同之处。文化类学科的教学环境多为教室、实验室或多功能厅，此类学科的教学要求教学环境要保持相对的安静，这样才能激发学生的思维并产生很好的学习效果。而和这些学科相比，体育教学却刚好相反，其教学的地点多为户外或专用运动场馆，普遍较为宽阔，而且在大多数时间的运动技术练习环节并不需要刻意保持安静，学生之间、学生与教师之间都可以随时有相关的交流和沟通，如此才更有利于对运动技术的学习。因此，在体育教学中，几乎所有内容都涉及身体活动，或者是为即将到来的身体活动做准备的活动，就是对作为"身体知识"的体育教学的最好诠释。在反复练习的过程中，对学生的机体产生一定的刺激，安排得当的生理负荷有利于发展学生的身体。

需要特别指出的是，体育教学的身体活动的常态性特点不只针对学生，同时也包括教师，在体育教学过程中，不仅是学生要进行具有一定运动负荷的运动，教师在做示范、做指导和参与组织教学中也需要付出不少体力。

（七）身心练习的统一性

身体与心理的发展具有密切的联系，现代科学研究发现，身体健康有助于改善心理健康，而心理健康与否也可以影响身体健康。因此，体育教学具有要求学生身心共修的特点。

体育教学重视对学生身体的改造，与此同时它还强化学生的心理与多种适应能力的发展。而在其他学科的教学中却无法达到这样的效果，这主要是因为体育教学营造了不同种类的教学情境，一系列积极的情境使得参与其中的人在潜移默化中受到感染，在体育教学中，学生的身心发展看似是多元的，但实际上是一种身心统一的锻炼，即达到身体与心理的共同拓展和发展，表现出十足的统一性。身体发展是基础，心理发展依赖、并能促进身体发展。从这一方面来看，体育教学不仅可以促进学生掌握技能、发展身体、增强体质，而且有利于培养学生的思维方式和良好的心理品质，促进学生身心健康与协调发展。

体育教学中学生身心练习的统一性，要求教师应做好以下教学工作。

首先，体育教学内容的选择应有助于学生的身心发展。体育教学内容的选择会影响到体育教学效果，作为体育教学活动的依据，教师在选择时应慎重。为了使体育教学体现出身心统一的特点，教师应针对学生的身心健康状况合理选择教学内容，所选教材的编排要符合该年龄段学生的心理特点，除此之外还要满足其美学、社会学等其他方面的要求。使学生通过体育教学中的知识学习、身体练习、情感体验，身心收益。

其次，体育教学方法的选用要符合学生的身心特点。与其他学科的教学相比，体育教学的教学方法更加丰富，这更加便于体育教师结合体育教学实际合理选用教学方法，为了体现体育教学中学生身心练习的统一性，体育教师选择的教学方法均应遵循与学生年龄段相适应的身心变化规律，选择正确的、适合学生身心发展的体育教学方法，体育教师必须根据学生的这些身心特点安排教学方法，才能有效地激发学生的积极性和兴趣，促进学生身体和心理的共同发展和提高。

最后，体育运动负荷的安排应注重学生的身心承受能力。身体练习是学生获得技能的重要基础，在此过程中，学生还要经历各种心理体验。具体来说，在体育教学实践中，教学内容以身体练习为主，需要学生运用身体器官直接参与活动，不仅要承受一定的身体负荷，还要承受一定的心理负荷。学生在完成大负荷的身体练习时，要承受肌肉活动引起的疲劳与不适，体验不同的心理过程，磨炼思想意志，还要克服困难、团结一致、努力拼搏，感受失败和成功的心境。这种身心练习的统一性更有益于学生的身心健康发展。

（八）人际关系的多边性

教学是师生共同参与的双边互动过程，在体育教学中，人际交往占据重要位置，体育教学中的人际交往具有多边性的特征。现代体育教学的组织形式主要在单人、双人、小群体以及全班之间不断转换，要求学生在不同的时空内完成不同的身体运动、不断地变换角色位置，彼此之间建立多种不同的联系。因此，在体育教学中，师生之间、生生之间、小群体之间具有频繁且形式多样的人际交往关系。

体育教学过程中人际关系的多边性要求体育教师在教学中注意以下三点：一是尊重学生，关注学生成长；二是运用多种方式与学生交流和沟通；三是鼓励与评判，教会学生在体育课堂中初步体会社会交往；四是引导学生相互之间进行配合，培养学生的合作意识，提高其人际交往能力。

## 二 体育教学的功能

（一）传播体育知识

知识是教学的基础性功能，体育教学也不例外，在体育教学过程中，体育教师承担着传播体育知识的重要责任，因此，体育教学具有传播体育知识的重要功能，体育教学主要是通过改造学生身体的手段来实施教学的，从教与学的角度来说，可以将体育知识形容成一种"身体的知识"。这种知识最初伴随着人类的发展而发展，每个人类社会时期都有相应的"身体的知识"的传承，如在原始社会，身体的知识就是人类通过走、跑、跳、投、打等动作捕获猎物或逃避猛兽等行为。而在现代社会中，体育知识的传承内容变成了某项体育运动（如篮球、体操）的基本知识或某些体育技能。

应该认识到，体育教学中对体育知识的传承不是简单的"身体的知识"的模仿，更多的是通过体育教学，来向教学对象——学生，传承体育文化，即体育教师通过体育教学内容向学生展现、传授和体育教学内容相关的文化。

（二）传授运动技能

科学研究表明，适当参加体育运动对人的身体素质的发展非常有益，而体育教学就成为传授这些运动技术的最好方式。体育教学中所涉及的体育运动技能对于人体的要求不再像过去那样严格，这里的运动技能主要是指如球类、武术、田径和游泳等运动技巧和方法。

就我国体育教学现状来看，学校体育教学活动的组织过程就是体育教师以体育教学内容为依据对学生传授体育知识与相关技能的双向信息传送的过程。因此，运动技术就成为体育教学的主要内容，也是重要内容。具体来说，教师在体育课中传习的是各项具体运动技术，如足球运动中的传球技术，甚至可以细分到内脚背传球技术。因此，对于运动技能的训练，没有实践就无法学会。

体育教师是运动技术的掌握者和传播者，在向学生传授运动技术的过程中发挥着十分重要的作用。体育教师对运动技术的传授应从简单的、入门的、基础的入手，在此之后逐渐积累，由简到繁。运动技术不同于其他学科的学习，它不仅需要学生对运动理论有深刻的了解，还要身体力行地亲身参与技术练习，在无数次的重复中逐渐在脑海中和身体上建立起对技术的表象反应，最终到熟悉动作以及可以在下意识的情况下做出正确的动作。整个教学过程是循序渐进的。

（三）传承体育文化

从某种意义上讲，体育教学真正的目的在于教会学生正确的体育运动方法，使其能在未来的生活中对身心产生持续的、良好的影响，体育教学也可以看作是一种体育文化的传承。体育知识、运动技能的传授都是为体育文化的传承而服务的。

从文化的发展角度来看，传承体育文化是一个长期的、系统的过程，要想真正实现体育教学传承体育文化的功能，就必须使学生通过不同阶段的体育教学，学习到较为完整的运动知识、运动文化。具体应从以下三个方面着手。

首先，保证单次体育课内容之间教学的连贯。可以把体育课中传习的各种小的运动技术累加起来，学生学到的是某个运动项目的完整技术，继续累加，就学到了各种运动技能。

其次，保证不同阶段体育教学的可持续发展。体育教学是由每周两至三次的体育课组合而成的一种贯穿全年的教学计划。其中根据不同的教学周期可以分为课程教学、周教学、学期教学以及学年教学。比学年教学周期更长的就是多年教学。在小学体育教学、初中体育教学、高中体育教学和高校体育教学中，应将这几个不同阶段的体育教学有机统一起来，以促进学生对体育文化全面系统地掌握和传承。

最后，重视发挥学生的主体性作用。当前，人们对以人为本的教育教学理念的追求使得人类自我知识的回归不仅代表了体育教学的特殊性，还赋予了体育教学知识传承的特殊意义。具体到体育教学中，要求教师在体育教学的开展和实施中重视学生的主体性作用，因为学生才是体育文化的继承者和传承人，体育教学就是要发挥体育文化的传承功能，使体育文化能通过体育教学获得长久的传承。这也是现代教育强调以人为本的重要原因所在。

（四）体验运动乐趣

乐趣是体育的特质。一个运动项目从不会到熟练掌握，人们会有一定的成就感和乐趣。运动中友伴之间的巧妙配合也能产生许多意想不到的乐趣。体验运动乐趣是人们从事身体运动和体育比赛的重要目的，让学生体验运动乐趣是体育教学的目的之一，也是体育教学功能的主要表现之一。

在学校体育教学中，教师应根据学生个性的、身体素质等的差异，让他们在掌握运动技能和进行身体锻炼的同时，体验运动的乐趣，以使学生喜爱运动并养成参加运动的习惯。具体来说，教师需要做好以下三方面的工作。

1. 正确对待和理解运动乐趣问题

每一项成熟的体育运动项目都有其固有的乐趣，这些乐趣来自该运动项目所特有的运动过程和比赛特征。选入教材的运动项目或是游戏也是如此，只不过有的运动项目乐趣明显，有的不太明显。教师应该结合教材、学生实际、教学目标以及教学手段，深刻理解和运用运动乐趣。

2. 让学生不断获得成功的运动体验

很多时候，体育教学中的身体练习是枯燥的，很多学生经过自己的刻苦努力，不断练习提高，较好地掌握了运动技能，获得了极大的成就感，他们对运动乐趣的体验就更强烈和深刻。因此，学校体育教师应该采用各种教法、手段，让每个学生都有机会获得成功的运动体验，从而提高学生参与运动的积极性与主动性。

3. 开发利于学生体验运动乐趣的教学方法

在体育教学中，教师要善于采用多种方法来帮助学生体验运动的乐趣。如采用挑战性练习法、游戏法、让位比赛法、分组总分比赛法等教学方法，通过情节化、游戏化、竞赛化、简单化、生活化等多种手法，让学生能够充分地、平等地体验到体育运动中的各种乐趣。

（五）强健身体素质

体育运动的健身功能是客观存在的，增强人民体质是发展体育运动的本质属性。经过长期的改革与实践，现代高校体育课程在规划设计教学大纲、选择教材内容、安排课时、实施教学组织等方面已逐渐合理化与科学化。

当前，促进学生身体的发展，实现体育教学的健身功能是我国学校体育教学的根本目标，要实现这一目标，需要教师做好以下三点。

1. 重视健康教育

教师应根据体育教学的规律特点，将各种行之有效的健身内容、方法与手段（健身的、竞技的、娱乐的、保健的等）应用到体育教学中去，有机协调并统一体育教学的教育性、健身性、竞技性和娱乐性等特征，从而提高体育教学质量，促进学生积极参与体育运动，科学地进行体育锻炼，进而取得强身健体的效果。

2. 合理安排负荷

运动有助于健康，但是应注意将运动控制在科学的范围之内。为保证学生身体的健康，体育教师应酌情掌控运动负荷强度。学生亲身参与体育运动实践在体育教学活动中是必不可少的。而既然参与运动实践，就必然会使身体承受一定量的运动负荷。合理的运动负荷对发展学生身体素质有极大的帮助，它对学生的机体或多或少会产生一定的刺激与影响，其影响的程度要视运动项目的内容、学生身体素质、持续运动的时间、运动间隙时间、营养补充等状态而定。只有适应学生身体发展状况的身体活动量，才能取得良好的教学效果。

3. 突出锻炼重点

体育教学内容丰富，不同的运动项目对身体的锻炼重点不同，如足球运动对人体的耐力、爆发力、速度和灵敏度有着较高要求；游泳对人体的心肺功能和协调能力有较高要求等。在体育教学中，教师应结合学生的身体状况有区别地、有针对性地选择合适的体育教学内容，组织学生进行体育锻炼，使学生获得身体的合理发展。这要求体育教师在制订教学计划前就要对学生的普遍体质与运动基础有一个清晰、全面的认识，并遵循体育教学的规律，运用科学的教学方法合理地组织体育教学，以此来有效发挥体育教学的健身功能。

（六）促进心理健康

体育教学不仅有利于学生的身体发展，还对学生的心理健康发展具有重要的作用。和体育教学的健身功能一样，体育教学促进心理健康的功能主要是通过教师传授来实现的，因为教师的一言一行无时无刻不影响着学生的思想，这些行为都是在潜移默化中进行的，因此，教师必须身体力行、为人师表，为学生做出表率与榜样。

体育教学对学生心理健康发展方面的作用主要表现在以下两个方面。

1. 平和心态、缓解压力

参与体育活动有助于学生体验各种心理，在参与体育运动的过程中，学生要频繁面对成功与失败，其中失败和挫折的次数远远多于成功。由此可以培养学生在逆境中正确处理心态的能力，作为胜利者也要做到戒骄戒躁，只有具备这样的素质，才能再接再厉，取得成功。教学更为重要的作用是传授各种人类社会的道德、规范与理念，这是学生走向社会之前的必学内容。

此外，平和的心态有助于学生提高自我抵抗压力的能力，而在体育活动，也有助于学生获得身体和心理上的放松，缓解学生的学习压力。

2. 修养品德、完善人格

首先，体育教学具有帮助学生形成良好思想品德的功能。学生在体育教学与比赛中，可以养成遵纪守则的良好习惯。根据体育运动或游戏的规则，运动竞赛或游戏要想顺利进行，必须依靠参与者自觉遵守既定规则。在体育练习或比赛（游戏）中，学生还要懂得关心同学，尊重对手，尊重裁判，自觉遵守体育课堂秩序。

其次，实践证明，系统的体育教学对陶冶学生良好情操，塑造学生完美人格具有重要的作用。体育教学中，大多体育运动或体育游戏都需要集体共同参与方能完成。体育运动取胜关键要靠集体的团结配合。因此，学生为了取胜，必须认识到团结互助、协调合作、发挥集体力量的重要性。总之，身体练习的过程中体力活动与智力、情感、意志活动紧密结合，融于一体，形成身体思维，所以学校体育教学能使学生的体能和思维活动同时得到发展，学生作为体育运动团队中的一员，需要处理好个人利益与集体利益的关系，应抱有克服一己私欲，顾全大局的思维行事。这有助于学生形成完善的人格。

总之，体育教学的功能是多元化的，现代体育教学要求教师不断提高自身的体育专业素养和体育教学能力，以此来充分发挥体育教学的多种功能，促进学生的全面发展，从而使学生成为适应社会发展的高素质人才。

## 第三节 体育教学的现状及发展

### 一 高校体育教学的现状分析

近年来，我国体育教学改革正在如火如荼地进行，其理念在于打破传统的以竞技体育为主的教育思想和破除教学安排的竞技体育体系，力求将人本主义精神，贯彻到身体、健康、娱乐、竞技等作为体育教学改革的目标中。在这种理念的指导下以及众多有益的改革尝试下，体育教学改革取得了一定的成绩，不过这个成绩与21世纪对人才所提出的"知识、能力、素质全面发展"目标要求相比仍旧有较大差距，改革中遇到的许多弊端限制了教学改革的步伐和进展。由此可见，我国高校体育教学改革正走在正确的道路上，不过这条道路要走完还需要很漫长的时间，过程中也一定会经历万千困难。

对高校体育教学的改革需要依现状而定，对于我国高校体育教学的现状主要可以归纳出以下三个方面。

（一）体育教学目标缺乏准确性

在目前各大高校开展的体育教学活动中，仍旧是以让学生掌握某项体育运动技术为主要的教学目标，如掌握乒乓球、羽毛球或足球技术。其年终考核也是以这些技术的量化指标为标准，显得非常生硬和单调。这种过于重视让学生强行接受教学内容，而不是花心思在新型教学的创造上，如此就使教学的要求和标准大大降低，并且使体育教学的目标与真正的目标有所偏离，缺乏准确性。

（二）教学质量出现下降趋势

前面提到了体育教学目标缺乏准确性的现状，使得接受此类体育教学的学生在体育学习中积极性不高，学习个性不够突出，仅仅是像生产产品一样接受一致的教学，不能充分体现现代体育的特殊性。新型教育理念要求在教学中体现出以人为本与主动性的双重原则，但在实际的体育教学当中，为追求高效率，尽管体育教师一方面强调要在秉承以人为本的原则下开展教学工作，但另一方面在教学实践中只是将这些理念停留在文字表述上，显得空洞、乏味。学生在接受教学的过程中始终感受不到新意，久而久之也就失去了对体育教学的期待和兴趣，长此以往，必然会导致体育教学工作质量的下降，不利于学校体育教学任务的达成。

（三）教师专业水平相对较低

体育教学所涉及的内容很多，其教学环境也与其他学科教学有很大区别，由此可见，体育教学绝不是由老师带领学生玩闹嬉戏这么简单。体育教学是一门专业性非常强的学科，为了达到预期的体育教学目标，就需要有经验丰富的体育教师参与教学。现代体育教学的内容中充满了较为新颖、现代的体育运动，体育教师能否率先掌握这些新兴运动项目的技术就成为保证教学质量的关键。

不过从现阶段的实际来看，体育教师的学习速度显然还没有完全跟上新兴运动进校园的速度。现代体育教师的培养环境多为在传统体育教学模式下产生的，一些条件较好的高校会聘请一些退役运动员担任体育教师。不过，这两类体育教师大多是技术型和训练型的，他们对自己已掌握的运动技能有着充分的信心，但同时由于他们自小接受单一的体育运动训练，文化水平普遍较低，与其他学科教师相比，存在明显的科研能力较弱的不足。另外，受传统培养方式的影响，体育教师的工作随意性较大，这就使得他们对自己专业以外的体育课程和项目重视不够。

多种不利因素相加，就使得从总体上来看，我国高校体育教师的专业水平较低。他们掌握的知识相对陈旧，教学方法与手段也缺乏创新，造成体育教师整体上专业水平的下降，从而严重影响了高校体育教学工作的发展。

（四）硬件设施普遍匮乏

我国是一个体育资源较为匮乏的国家。尽管高校作为我国重要的人才培养基地可以优先获得优质的体育资源，但从总体上看，许多高校所拥有的体育资源仍显现出不足、陈旧等现象。教育改革从总体上增加了高校生源，而高校学生的人均体育资源则保持不变且逐年下滑，如此一来就加大了学生数与体育资源数的反比关系。可以说，高校场地设施严重缺乏是当下影响体育教学发展的因素之一。

（五）传统教学思想仍起主导作用

我国是教育大国，我国的传统文化中也非常重视教书育人的作用。由此，传统的教育理念也一并留存到了今天。然而，现代教育早已不同于传统教育，这是社会发展到一定阶段所必然产生的。如果此时仍旧延续传统教学思想，必将影响我国教学的现代化及在未来的发展。

就我国高校体育的教学思想来说，它一直秉承着体育健身的理念开展。实际上这种理念本没有错，然而当现代教学理念着重素质教育后，对于仅在乎身体健康的体育教学来说显然就表现出了其片面性。它在涉及德、智、体三方面关系的教学实践中过于重视对“体”的练习，忽视了对学生“德”与“智”的培养，而这两方面的素质教育在当下也是成为社会所需人才不可或缺的方面。由此可见，若高校体育教学的实际工作还停留在以竞技项目为主要内容的传统体系的话，将会给未来我国体育教学的发展带来极大阻碍。

## 二　高校体育教学的发展趋势

科技的发展带动了人类社会的发展。在当今社会中，几乎所有事物的发展都离不开相应技术的进步。对于高校体育教学的发展来说也是如此，科技的发展带来了更多更为丰富的体育教学方法与手段。当然，体育教学的发展也不能全部依托于科技水平的发展，教学理念的进步是发展的软件，它与科技所带来的帮助同等重要。

从高校体育教学的发展过程中可以看出，教育理念是所有教育行为的基础，这就需要高校体育教学部门重视体育教育理念的转变，具有与时俱进适时转变体育教育理念的意识。具体到体育教师来说，不仅需要他们具有良好的体育教学超前意识，而且要有新的人才观、质量观来满足未来学生发展的需求，更应该引导学生树立"终身体育"和"全民健身"的体育教育观念和意识。为了适应新时代的发展要求，人们将改变传统的选择教育观为发展教育观，通过体育教学，增强高校学生的身体素质、心理素质以及社会适应能力等，促使其身心的全面发展，培养出适应 21 世纪高科技快速发展的高素质人才。

在新形势下，我国高校体育教学的发展趋势主要体现在以下五个方面。

（一）更加重视发展高校学生的健康素质

众所周知，体育教学及锻炼对增进和保护高校学生的身体健康具有较积极、较能动和较行之有效的作用。因此学校体育教学也应建立在多维健康观的基础上，全面贯彻"健康第一"的指导思想，深化学校体育改革。

1. 提高学生的体质健康水平

高校体育的本质决定了体育教学必须为提高学生的体质健康水平服务。而促进学生体质健康水平的提高是学校贯彻"健康第一"指导思想的最为直接的体现，也是促进学生整体水平提高的基础。增强学生体质，增进健康，既是学生顺利完成学业的需要，同时也是学生终身健康的需要。

2. 提高学生的心理发展水平

心理发展水平包括心理健康水平和心理素质水平。学生的心理发展水平与其生理健康有着非常密切的联系。也就是说，一个患有严重的心理疾病的人就不可能拥有健康的身体。对于学生而言，心理疾病所产生的影响要比生理疾病更为深远和严重。在我国的社会主义市场经济条件下，社会竞争变得越来越激烈，这就要求人们必须具备较好的心理发展水平。因此，促进高校学生心理的健康发展，提高其心理发展水平有着非常重要且深远的意义。

3. 提高学生的社会适应能力

一个人能否处于良好的健全状态，关键取决于他的社会适应能力的强弱。从社会文化的视角来看，体育的实质是模拟社会生产和生活。基于此，一些人常常将体育课堂称为"社会课堂"，将体育精神当作是现代社会精神的缩影。所以，提高对学校体育的重视程度对我国高校学生社会适应能力的发展和提高有着非常重要的意义。

（二）更加关注向高校学生灌输"终身体育"的意识

在深化学校体育改革的实践中，广大学校体育工作者深刻地认识到，传统的学校体育比较关注增强学生体质的近期效益，而对培养学生的体育意识、兴趣、习惯和能力重视不够，要使学生终生享有健康，就必须让体育伴随其终生。

因此，学校体育既要重视近期效益，又要重视长远效益。加强对学生终身体育的教育，培养学生的终身体育意识，使其养成经常锻炼的习惯，掌握科学健身的知识与方法，具有独立进行科学锻炼的能力。进入21世纪后，新一轮的基础教育与高等教育的体育课程改革，更加强调要对学生进行终身体育的教育。

（三）更加强调体育教学的选择性与层次性

1. 体育课程管理体制的改革为学校体育的选择性创造了条件

传统的体育课程与体育教学，基本上是实行统一管理的办法：由国家统一制定和颁发《体育教学大纲》，规定统一的教学目标，统一的教材内容、教材比重与时数分配，统一的考核项目、统一的评分标准。各地各校对体育教学的选择性只局限在"选修教材"中，且对"选修教材"的实施也有诸多规定。

由于我国幅员辽阔，经济与教育发展不平衡，因此，我国试行了国家、地方和学校三级课程管理体制。在课程管理方面，国家只制定课程标准，提出课程目标，对课程内容不作硬性规定，采取开放与放开的做法，对课程进行宏观管理。具体课程标准的贯彻实施、达成方法、内容设置等，完全由各地、各校根据实际需要和自身条件和特点自行选择。

2. 层次性将成为体育教学中贯彻区别对待的重要方法

由于我国教育基本上都是采用大班教学，一个教学班少则四五十人，多则六七十人，要完全实施个性化教学目前尚有一定的困难。因此，根据个性化教学的基本思想，进行分层次教学成为体育教学实践中实施因材施教、区别对待的重要形式。

分层次教学是指根据学生的身体条件与运动技能，把一个教学班的学生分成若干个层次，按层次确定学习目标和评价方法，采用不同的教学策略，以保证绝大多数学生都能完成课程学习目标。

3. 高校体育将呈现出地域特点与学校特色

由于加大了体育课程的选择性，各地高校只要遵循《课程标准》规定的"选择教学内容的基本要求"，就完全可以根据自己所具有的课程资源、地理条件；气候特点、体育传统等，自主选择体育课程内容与课外体育活动及课余训练内容，因此，学校体育呈现出鲜明的地域特色与学校特色。

（四）更加注重体育教学的课内外与校内外一体化

高校体育教学逐渐走向课内外与校内外一体化，主要基于以下三个方面。

1. 大课程观的确立

课程是为实现课程目标在教师组织指导下一切课内外活动的总和。大课程观的确立为学校体育走向课内外与校内外一体化奠定了理论基础。

新一轮的体育课程改革是"从大课程观出发，将体育的课堂教学与课外、校外的体育活动包括运动训练纳入课程之中，形成课内外、校内外有机结合的课程结构"。因此，各类学校及体育教师实施新的体育课程，必须认真搞好课堂教学、认真组织好课外与校外的多种多样的体育活动，以满足高校体育教学的需要。

2. 增进学生健康的需要

研究表明，当"国民经济发展到一定水平，人的体质健康某些指标呈下降趋势"。而"与体质健康相关的某些人体生理指标的提高，必须要有一定锻炼时间、量和强度的积累"，如果每周体育活动的总量仅限于几节体育课，那么，体育教学提高学生生理机能的作用将十分微小。《中共中央国务院关于深化教育改革全面推进素质教育的决定》指出："学校要树立健康第一的指导思想，切实加强体育工作""确保学生体育课和课外体育活动的时间"。要贯彻落实学校教育与体育课程的"健康第一"的指导思想，有效地增进学生的健康，增强学生体质，学校体育就必须走课内外、校内外一体化的整体改革和发展道路。

3. 课程资源的开发和利用

为了适应"课内外、校内外有机结合的课程结构"的需要，必须充分开发和利用体育课程资源。

就人力资源而言，除体育教师外，班主任、辅导员、有体育特长的其他学科教师、校医、共青团与学生会的干部以及体育特长生等，都将被动员起来，充分发挥他们在学校体育中的作用。

就课程时间和空间而言，首先，除课程计划规定的教学时间外，早晨、课间、课外、双休日、节假日的时间，也将得到合理的利用；其次，体育课程将拓展到家庭、社区、少年宫、业余体校、体育俱乐部，以及江河、湖海、田野、山林、草原等一切可以用来体育锻炼的地方，为学校体育冲破课堂与校园的束缚，实现课内外、校内外一体化提供可能性。

（五）更加朝着多样化的方向发展

高校体育教育的多样性体现在以下三个方面。

1. 学生个体体育需要的多样性

在高校体育教学中，大学生有着各种各样、各不相同的需求，并且同一学生的需求也是多种多样的，如娱乐需求、健身与健美需求、调节身心的需求、发展体育特长的需求等。因此，高校体育教学要对学生的个体体育多样性需求给予相应的满足。

2. 学校体育内容形式的多样性

为了满足学生不同的、同一学生不同的体育需求，学校体育教育的内容必将朝着多样化的方向发展。具体如下。

（1）开设个体健身类的体育项目，如健美运动、健身操、越野跑、长走、山地自行车等。此类项目可个人进行锻炼，受制因素少，校内校外均可进行，简便有效。

（2）开设反映时代特征的现代体育项目，如足球、篮球、跆拳道、攀岩、体育舞蹈等。此类项目极富挑战性，能够发展学生的个性，满足学生实现自身价值和加强社会交往的需求。

（3）开设休闲体育项目，如网球、台球、保龄球、乒乓球、羽毛球、游泳、冰雪运动、轮滑、滑板等。此类项目娱乐性强，技术含量高，能满足学生愉悦身心的需求。

（4）开设民间体育项目，如武术、跳绳、跳方格、跳皮筋、跳竹竿、踢毽子、荡秋千、爬竹竿等。这类项目扩大了学校体育资源与体育课程资源，可以满足学生健身、娱乐等多种需求。

3. 学校体育组织形式的多样性

目前，学校体育组织形式主要朝着以下三种类型发展。

（1）体育俱乐部。体育俱乐部将成为高校体育重要的组织形式。各个高校根据自身的条件，通过组织各种各样的体育俱乐部，以此来更好地满足大学生提高运动技能水平、发展体育特长以及健身、娱乐、健美的需要。

（2）体育社团。高校中的体育社团通常是由大学生自己来进行组织和管理的，学生们只有参加选择权。一般是由校（院）团委、学生会来组织发起，并由学校体育教研室（部、组）来给予相应的指导和支持，大都是以单项体育协会的形式出现。根据协会的章程，学生们通过交纳一定的费用，自愿报名参加，协会中的管理人员也是通过民主选举产生的。另外，一些全国性的综合体育团体，如全国大学生体育协会，主要任务是负责组织相同级别的学生体育竞赛。这些体育团体有效地提高了学生参与体育活动的积极性。

（3）非正式学生体育群体。非正式学生体育群体多以共同的体育爱好为基础自发建立起来的，以直接的、面对面的、相对固定的角色互动来进行活动，成员之间年龄相近，彼此之间并不存在正式的控制手段。如引导和运用得法，这些非正式学生体育群体将为学校体育注入新的活力。

# 第二章

# 高校体育教学基础理论研究

本章着重研究高校体育教学的基础理论，主要内容包括体育教学论及其价值、体育教学与相关科学理论研究、体育教学的原则与方法等。对体育教学基础理论的研究有助于更好地指导高校体育教学实践。

## 第一节　体育教学论及其价值

### 一　体育教学论概述

（一）体育教学论的概念

体育教学论是一门科学，其主要是对体育教学的各种现象与一般规律进行研究。换言之，体育教学中的各种现象和教学现象中隐藏的规律是体育教学论的主要研究对象。

（二）体育教学论的结构

体育教学论其实就是人们对体育教学中相关问题的思考，它分为两大部分，即体育理论教学论和体育应用教学论，这两部分又可以做具体的划分，如图 2-1 所示。

（三）体育教学论的研究

1. 体育教学论的理论基础

理论基础是研究任何一项学术的支撑与基础条件，体育教学论的

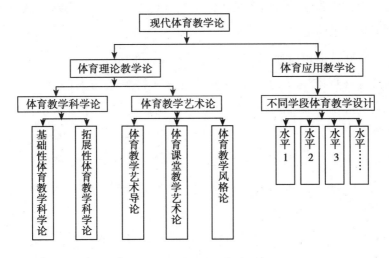

**图 2 - 1　现代体育教学论的划分**

研究也是如此，具体如下。

（1）一元论。沃尔夫创造了一元论一词。沃尔夫是 18 世纪德国著名的数学家、物理学家、唯心主义哲学家。起初一元论不是作为哲学用语出现的。把一元论作为哲学用语的是海克尔，他是 19 世纪末德国著名的动物学家、哲学家。"海克尔把基于物种保存原则和进化论的世界观称作一元论，并著有《作为宗教和科学之间的纽带的一元论》一书，还创立了'一元论者协会'。"①

世界只有唯一一个本原，这是一元论所主张的哲学学说。这一主张是与二元论及多元论相对而言的。二元论主张世界的本原有两个，即精神与物质，同样，多元论主张世界的本原除了物质与精神之外，还有空气、水等。

一元论所强调的是，物质是根本存在的，是处于第一位的，而精神则是第二位的，精神随物质存在而存在，一旦物质消失，那么精神也就随之消失。

一元论可以分为唯物主义一元论和唯心主义一元论两大类。唯物

---

① 李启迪、邵伟德：《体育教学基本理论研究》，北京师范大学出版社 2014 年版，第 18 页。

主义一元论强调世界的本原是物质的；唯心主义一元论则强调世界的本原是精神的。

严格意义上讲，唯物主义的一元论是不彻底的。主要是因为在以前还没有马克思主义的时候，所有主张唯物主义的人的社会历史观，从本质上讲都是唯心主义的。马克思主义产生后，才坚持了彻底完整的唯物主义一元论，它的坚持反映在自然观与社会历史观上。因此只有马克思主义哲学才从本质上坚持了唯物主义一元论。在唯物主义的一元论中，科学论证和全面贯彻世界的本原是物质这一观点的只有辩证唯物主义一元论。

（2）二分法。日常研究或对事物的种类进行表述时，人们经常会混淆"分类"与"划分"的概念，把分类当作划分，或把划分按照分类的含义使用，所以，这里要严格区别二者的概念。

分类有两种解释："首先，按照种类、等级或性质分别归类，如把邮件分类。其次，把无规律的事物分为有规律的。按照不同的特点分类事物，使事物更有规律。"[①]

从上述分类的两个解释来看，可以大致把分类当作归类理解，归类指的是把个体对象按照共同的特征归为一类，并把具有共同特征的类集合成类。

分类的着手点是比较并概括个体之间、类之间的相同点与不同点。因此，对分类来说，归纳和类比的意义重大。

划分通常就是区分的意思，也可以说对一个整体进行划分，分为若干部分。传统逻辑向外延伸了划分的概念，延伸为将一个类分为若干子类。

总体来讲，分类是从种到属，而划分则是从属到种，二者方向相反，但又相辅相成，往往并用，结果一致。要划分准确，就应对以下规则加以严格遵守。

---

① 李启迪、邵伟德：《体育教学基本理论研究》，北京师范大学出版社 2014 年版，第 19 页。

第一，各个子项之间没有相同的分子，也就是说，各个子项之间不兼容。

第二，每个子项都包含其母项中的某一个分子。

第三，每次进行划分时，划分的根据不能改变。

第四，不可以进行越级划分。

综上所述，从划分的原则来看，"两分法"是比较科学的划分方式，它基本遵循了划分的规律与原则。

（3）观察学习理论。观察学习又称作"模仿学习"，还可称为"替代学习"。其界定是，人们只要对榜样的行为进行观察就能学会某种行为即所谓的观察学习。在班杜拉（美国，当代著名心理学家）看来，人类不必是行为的直接实施者，不必是行为的亲身体验与强化者，也能形成一切社会学行为，其主要方法是在社会环境的影响下，观察并学习他人或榜样的示范行为及其结果，即可提高学习效率。

班杜拉有这样一种观点，他认为人或物是否能成为榜样或示范者，就要看其是否可以成为他人（学习者）观察学习的对象，如果可以，他就是榜样或示范者，否则不是。这里的榜样与示范者并不局限于人，也可以是事物或动物等，还可以是虚拟中的人，如电视中的人、小说中的人。

通常有以下三种形式的榜样。

第一，具体的现实生活中的人，即活的榜样。

第二，以语言描绘或形象化方式表现某个带有典型特点的榜样，即诚例性榜样。

第三，通过语言或影视图像而呈现的榜样，即符号榜样。

班杜拉把观察学习划分为三种类型，这是以观察学习者的不同观察学习水平为依据划分的。"第一种，直接的观察学习。即学习者对示范行为简单的模仿。第二种，抽象性的观察学习。即学习者从示范者的行为中获得一定的行为规则或原理。第三种，创造性观察学习。即学习者从不同示范行为中抽取不同的行为特点，并形成了一种新的行为方式。"①

在班杜拉看来，观察学习具体包括四个过程，即注意、保持、运动再现和动机。榜样的条件会影响观察学习者的学习行为，因为学习者只有通过仔细对榜样的示范行为加以留心，才能够进行观察学习。榜样若想起到很好的示范效果，需要具备以下四个条件。

首先，基本条件是示范行为要具备实施的可能性，保证观察学习者有能力做到。

其次，示范行为要与观察学习者的年龄相符，使其容易理解。

再次，示范行为要突出重点，力求生动，能够引起观察学习者的兴趣，吸引其注意力。

最后，示范行为要可以信赖，榜样要使观察学习者相信示范行为是为学习者专门示范，没有别的目的。

2. 体育教学论的研究对象

不管哪个学科，其都有属于自己与其他学科不同的研究对象，这是每个学科与其他学科相区别的主要标志之一。体育教学论这门学科也不例外，其研究对象具体如下。

（1）教与学的关系问题。体育教学这一活动包含多种因素，如教学主体、教学环境、教学客体等，这些因素之间的关系是错综复杂的，每个因素之间又是相互联系、相互依存、相互影响的。在体育教学活动设计的各因素之间的关系中，最根本的、最关键的关系是教与学两者之间的关系，教学活动要以这一关系为主要依据才能得以顺利开展。因此，要对体育教学进行研究，就要首先对教与学二者的关系进行分析与研究，通过研究来将其中所隐藏的教学规律揭示出来，从而对体育教学原理进行深入掌握。

（2）教与学的条件问题。在开展体育教学的过程中，其能否顺利进行直接受到教学条件这一重要因素的影响。体育教学目标能否顺利

---

① 李启迪、邵伟德：《体育教学基本理论研究》，北京师范大学出版社 2014 年版，第17—18 页。

完成，教学质量能否得到提高从一定程度上也受到体育教学条件的好坏的影响。教学的硬件与软件设施、教学氛围等是体育教学活动中教与学的条件的主要的内容。

（3）教与学的操作问题。体育教学论不仅仅对理论方面的相关内容进行研究，而且对实践操作中的问题进行研究。在体育教学过程中，教与学的操作问题具体指的是以体育教学的原理与规律为参考依据对教学过程进行设计。例如，对教学内容的选择，对教学方法与教学模式的运用，对教学评价方法的设计等。

3. 体育教学论的研究内容

（1）理论部分。体育教学论中研究的理论部分主要包括：体育教学原理、体育教学因素、体育教学的特征、原则、体育教学规律等。

（2）实践部分。体育教学论中研究的实践部分主要包括：体育教学方法、体育教学内容、体育教学模式、体育教学评价等。这些都是与实践操作相关的内容。

## 二　体育教学论的价值

（一）有利于对体育教学本质的认识

体育教学是许多教学现象集合起来的一个整体，它具有相对的复杂性，与其他学科相比，体育教学现象更为复杂，正因为如此，体育教师要将体育教学的本质认清是有一定难度的，这进而会使教师对体育教学活动的正确认识与评价受到制约。体育教学论能够帮助体育教师对体育教学现象进行准确地、科学地辨别与判断，从而促进体育教师能够在一定程度上认识体育教学本质。

（二）有利于对体育教学要素之间的关系进行辨别

体育教学是一个庞大的教学系统，且具有复杂性，其涉及的教学因素有很多，如教学主客体、教学内容、方法、模式、环境等。为了使体育教学活动能够顺利进行与开展，体育教师有必要通过体育教学论来对体育教学要素进行分析与判断，将其中的关系厘清，并深入理解这些要素，以此来对体育教学的本质进行深入认识与理解。

（三）有利于对体育教学研究进行完善

在基础教育不断改革的过程中，体育教学的内容和内涵也在发生着深刻的变化。而且，随着体育教育与体育文化的不断革新，体育教学现象也逐渐复杂起来，一些新现象与新特点在体育教学中不断出现，但是人们无法解释这些现象，也无法解决这些新问题，这就需要通过对体育教学论的系统学习来解决这些问题，学习体育教学论后，体育教学理论将会日益完善。

（四）有利于对体育教学实践进行指导

通常，总有一定的教学规律会隐藏在体育教学的各种现象中，如果能够对这些体育教学规律有一定的认识，并且在体育教学实践中参照这些规律，就可以取得良好的教学效果。体育教学论的学习有利于体育教师对体育教学规律的认识与掌握，从而促进其教学能力的增强，使体育教学任务能够尽快完成。

（五）有利于体育教学活动的顺利进行

国家推行体育新课程改革后，传统的教学理念已经不能满足新课改的需求，需要对其进行改革与创新才能开展体育教学活动，这主要是为了使新课改后的教学目标的顺利达成得到一定的保障。通过学习体育教学论，能够对与时俱进的教学理念进行熟悉与掌握，但要注意学习的规范性与系统性。

体育教学论能够促进体育教师教学能力的有效提高，可以指导教师在不同的教学阶段都可以以现实情况为依据对教学内容、教学方法、教学模式、教学评价机制等做出正确的选择，以保证能够顺利实现体育教学目标。

体育教学论对体育教师教学理论水平的提升是非常有利的。通过学习体育教学论，能够帮助体育教师建立起科学的体育教学观，从而指导其运用体育教学观对体育教学的本质与规律进行充分的掌握，进而能够对最新的体育教学问题进行研究与把握，最终达致对体育教学问题进行解决的能力的提高。

# 第二节 体育教学与相关科学理论研究

## 一 体育教学与美育

（一）美在体育教学中的体现

在体育教学中，处处体现着美，包含着较为广泛的美的内容，具体来说，主要体现在以下四个方面。

1. 教学环境的美

这里所说的教学环境主要是指包括场地、器材的选择和布置等在内的教学的主要外部条件。环境对人的活动会产生一定的影响，对于体育教学来说，周围环境的影响同样不容忽视。教学环境不仅是教学实施的必要条件，而且优美的教学环境能够带给学生美的感受，使学生享受美，从而促进学生学习兴奋性的不断提高。除此之外，良好的教学环境还有利于学生紧张心理的克服、疲劳的消除以及技能的理解和掌握等。

2. 教学内容的美

在体育教学中，教学内容的美是特别重要的一个方面。究其原因，主要有二：一是在体育教学活动中，教学内容自身的地位很重要，也很突出；二是有很多美的因素在教学内容中有所反映。

美在体育教学内容中表现得十分广泛，主要从两个方面体现出来：一是社会美、艺术美、自然美和科学美，这些美的因素源于人类文化知识体系；二是体育教师和学生在体育教学活动中加工过的美。但是，不管是哪一种，都充分体现了美的存在。另外，体育教学中教学内容的美不仅是指外在的形式美，还指内在的美。比如，崇高的理想和高尚的情操、坚强的意志和顽强的品质等。

3. 教师和学生形态的美

所谓教师和学生的形态，是指体育教师和学生在体育教学实践中所表现的行为方式的总和。具体来说，其主要包括师生的言行举止、面部表情等。所谓形态美，也就是指教师和学生的行为举止、语言和仪表等所表现出来的美。① 在体育教学活动中，教师的形态美和学生的形态美两者之间相互联系、相互感染，特别是教师的形态美，对学生具有非常显著的重要的牵引作用。

4. 教学过程的美

体育教学活动的美主要体现在以下两个方面。一方面是在体育教学实践规程中体育教师与学生所表现出来的活动，其具有创造性与丰富性；另一方面是体育教师和学生在教学活动中表现出来的美的形式。

在体育教学实践中，不仅要在整个教学过程中体现出教师的独特性和学生的个性，而且应具备教学的完整性、有序性、节奏性等。

(二) 美学在体育教学中所起的作用

1. 能够使体育教育理论的研究更加深入、细致

现阶段，国内外有很多关于体育教学理论的研究，但是，从社会的政治经济制度和生产力的发展角度对教学进行研究的资料比较多，而从其他视角如人的价值、人自身发展进行研究的资料却很少。体育教学的任务并非只是把体育知识与技能传授给学生，同时还要对学生的内在进行良好的塑造和科学的培养，使学生能够全面发展。体育教学任务的完成离不开对学生进行美的教育。

2. 能够使体育教学中情感激烈和个性陶冶被忽略的问题得到改善

现阶段，体育教学活动表现出一些鲜明的特征，其中主要的一个表现就是学校对知识传授、思想品德教育和技能提高的重视，但对情感鼓励和个性熏陶的忽视。体育教学活动是包含教师的教与学生的学的双边活动。体育教师要以学生的现实状况为根据来对他们的个性进行有针对性的有目的的培养，使学生对美的情感体验更加丰富。

3. 能够使体育教学效应得到有效提高

在体育教学的实践过程中，体育教学效应的提高离不开美发挥重

---

① 冯卉：《体育教学之美学》，《辽宁师专学报》2006 年第 2 期。

要的功能与作用，其主要表现在以下两个方面。

一方面，教师在展开具体课堂教学之前，需要仔细地备课，对体育教材进行认真钻研，在备课与钻研中体验教材中教学内容所表现出来的美，然后以此为基础采用具有创造性的教学方法来将自己所体会到的美充分展现给学生。

另一方面，体育教师在教学中发挥着主导作用，学生在这一条件下，能够进行创造性的学习，从而能够使自身在体育理论知识、具体动作技术、身体素质以及情感、智力、思想品德等方面都获得一定的提高与发展。

### 二　体育教学与德育

（一）体育教学与德育的关系

1. 德育的实现要以体育教学为主要途径

促进学生身体素质水平的提高，使学生在身体与心理上得到全面的发展，把学生培养成为德、智、体、美全面发展的优秀人才是体育教学的根本目标。从这一根本目标中可以看出，在体育教学的内容中，德育是其中之一。另外，体育教学实践中可以运用各种各样的教学形式，而且大都需要学生进行身体的练习才能实现这些教学形式运用的目的，而无论采用何种教学形式，都会从中体现出德育思想，因此对学生进行道德教育有利于教学任务的顺利完成和教学效果的大幅提高。

2. 体育教学质量的提高在一定程度上得益于德育

对学生进行道德教育，离不开体育教学这一重要的方式与途径。与此同时，体育教学质量的提高又是以道德教育为主要途径的。这主要是由于，只有学生在一定程度上认识并理解了学习体育的效用，才能激发其积极学习体育的兴趣与热情，才能更好地促进体育教学活动的开展。通过在体育教学中实施德育，能够促进学生思想认识能力的不断提高，使学生有意识地端正自己的学习态度，从而充分认识到学习体育的重要性等。

（二）德育对体育教学的影响

在体育教学实践活动中，德育的影响主要体现为以下两个方面。

1. 对学生的全面发展有积极的影响

对学生实施道德教育，要充分结合理论与实践，以此来统一学生的理论与实践认知、身体与心理、思想与行为。而且要注意在德育过程中不断对学生的理想信念进行强化，使学生自身的知、学、行逐步统一，从而促进其体育实践能力和思想意识等的有机统一，使学生成为各方面都不断发展的栋梁之材。

2. 能够扩大学生对他人及社会的影响

现阶段，社会在不断进步，经济也在日益发展，这就要求学生的综合素质都要提高，以此来适应社会发展的需要。与此同时，这也是与学校教育需要相适应的要求。在学校，对学生进行良好的道德教育，有利于扩大学生将来对他人与社会的积极影响。

## 三　体育教学与人的社会化

（一）人的社会化概述

对于社会的生存与发展来说，人的社会化有着非常重要且较为深远的影响。对于人的社会化，简单来说，就是社会将一个"自然人"教化为一个"社会人"的过程。

（二）体育教学对人的社会化的影响

1. 体育教学是培养社会角色的重要、有效途径

每个人只要在特定的社会生活，就会有一些不同的社会角色需要其扮演，充当社会角色会促进人的社会化，加速人的社会化进程。人们在社会中需要学习很多与角色相关的内容，其中，与角色相关的权利及义务的学习，与角色相关的态度、情感和价值观及角色转变的学习等是比较重要的。体育教学在培养人的社会角色方面发挥着举足轻重的价值与功能，具体来说，体现在以下两个方面。

首先，学生在体育教学活动中可以充当多样化的角色。例如，学习中充当学生，比赛中充当运动员或裁判员，训练中充当教练员等，

学生通过充当不同的角色参与体育教学中，对于学生对不同角色任务的了解，角色多样性和稳定性的理解，扮演角色技能的锻炼，角色的态度、情感以及心理习惯和社会习惯的培养等都会产生非常积极的促进作用。

其次，在体育教学活动中，教师与学生通常使用的教学方法中包括教师的示范教学与学生的模仿学习。从学生的模仿学习来看，不管在课堂上教师传授怎样的教学内容，学生都能够采取这一学习方法。学生采用模仿学习法可以对其所扮演的种种角色的感受进行深刻体会，能够使自身的集体意识与社会意识得到进一步的强化，从而对自己的社会角色与位置能够有更加深入的认识，对自己所表现出的行为也会有所理解，进而提升自身的社会适应能力。

2. 体育教学对学生良好个性的形成非常有利

一般情况下，有两方面的因素会影响学生个性的形成与发展，即遗传因素和包括家庭、学校、社会等的社会环境因素。在学生良好个性的形成过程中，体育教学发挥着积极的影响与作用。体育教学活动中，学生进行体育学习往往需要有身体的直接参与，而且体育学习有着很强的开放性，经常会发生时空的转化，学生之间的沟通与联系也很频繁，这对于学生学习效果的提高都是非常有利的。由此可以看出，体育教学所具有的这些特征对于学生良好个性的形成而言，比其他学科更能发挥积极的作用。而且，这对于学生学习自主性的提高、良好意志品质的培养以及集体主义价值观的建立也都有着积极的影响与作用。

# 第三节　体育教学的原则与方法

## 一　体育教学的原则

在高校体育教学过程中，有一定的教学原则需要教师与学生严格遵循，只有这样，才能顺利开展体育教学工作。

体育教学原则指的是在体育教学过程中，教师与学生一定要遵循的基本要求与指导，它是通过长期概括和总结体育教学经验而得的。

（一）专项教学原则

1. 基本依据

体育教学内容丰富，种类多样，不同内容的体育教学对学生的要求是不同的，因此，教师应结合体育教学项目的特点和规律开展体育教学，在促进学生基本身体素质提高的基础上，发展运动专项能力，提高运动水平。

2. 基本要求

体育教学的专项教学原则要求体育教师应重视学生专门性知觉的优先发展。体育运动通常是在具体的运动环境中进行的，以篮球为例，篮球运动围绕篮球、篮球场地以及场地上的器材进行，运动过程中，学生对环境和器材的感知是专门性知觉发展的过程，其中手指、手腕对球的控制能力对篮球教学至关重要，因此，教师应重视学生对球控制能力的优先发展。

（二）因材施教原则

1. 基本依据

作为体育教学的主体，学生之间具有共性与特性。共性体现在身体年龄阶段发育的稳定性和普遍性；特性则是每位学生受性别、遗传、生长环境、教育水平、认识能力等因素的影响，彼此之间存在差异，身心发展显现出很大区别，而具体到学生具备的体育运动能力的话，这种差异性就可能更加明显，如有些学生的家长喜爱运动，所以从小就培养孩子参与体育运动或参加业余体育训练，这样孩子的运动水平往往超越同年龄段的孩子的平均水平而显得格外突出。因此，体育教学中应重视不同学生及同一学生不同阶段的差异，进行因材施教。

2. 基本要求

（1）引导学生正确对待个体上的差异。针对差异，如果利用得当，就是一个教育学生要互相帮助，培养团队意识和集体精神的好机会。不同学生的运动天赋和对于体育的了解各有不同，要在体育教学中贯彻个体差异性的原则，就要求教师在充分了解学生个体差异性的基础上，向学生讲解个体差异的具体表现，并引导学生正确看待差异。差异的存在是客观的，然而这却不能成为歧视天赋较差的学生的理由，同时教师也不能过分偏爱天赋较好的学生。

（2）深入细致地研究和了解学生之间的差异。一方面，教师要对学生个体的差异性进行全面的了解，这是贯彻个体差异性原则的前提条件。为此，教师可以在学期前进行一些测试或座谈交流，弄清不同学生在身体条件、兴趣爱好和运动技能等方面的差异。另一方面，教师应认识到学生个体差异并不是一成不变的，如有些学生在一开始的测评中被认为是没有很好的运动天赋，但是其本人非常热爱体育运动，在平时的课堂上也非常积极地配合教师完成各种教学内容，经过一段时间后学生就会取得突飞猛进的进步，对此，教师要有长远的眼光，要能发现不同学生在运动方面的天赋。

（3）重视学生个体差异性与统一要求的结合。在体育教学中，提高全体学生的综合素质是每个教师的目标，因此在制定教学目标时，都会考虑到目标的可行性，以满足大部分学生的要求。学生的个体差异是客观存在的，教师应在教学中充分重视这一点，但是体育教师也要立足于整个班级的教学，对学生统一要求，以促进学生完成教学任务，达成体育教学目标。

（三）合理安排运动负荷原则

1. 基本依据

（1）人体发展的基本规律。学生在参与体育教学时，不管是身体练习还是运动技能的学习，都需要承受一定量的运动负荷。但人体在体育运动过程中的规律揭示出了任何练习和教学都不是活动量越大越好，运动负荷过大，会对学生的身体健康造成不同程度的损害，运动负荷过小，不利于良好教学效果的取得，运动负荷的安排是否适宜得当，是检验一名体育教师水平高低的标准。

（2）不同学生生长发育的特殊性。大多数学生的身体尚处在生长发育期，身体各方面机能的发展还并不完善，因此对体育教学的安排应既满足学生锻炼身体和掌握运动技能的需要又不至于使学生体能透支而出现危险情况，体育教师在为学生安排和设计体育教学活动量时，要以学生可以承受的身体负荷为依据。

2. 基本要求

（1）运动负荷的安排要服从体育教学目标。体育教学的目标是培养学生健康的体魄和健康的心理素质，因此，基于这个目标可以认识到，体育教学不是为了让学生不断超越身体的极限挑战自我，也不是为了增加运动负荷而进行大运动量训练。竞技体育中单纯为了金牌而无限制地加大运动负荷的方法不适用于普通学生的体育教学。

（2）运动负荷的安排要服从学生的身体需求。体育教学应为促进学生身体发展而服务，因此，体育教学中，运动负荷的大小应充分考虑学生的身体发展状况与需要，教师要合理地对运动负荷做出安排，就必须了解学生的身体发展情况（包括不同性别学生的生理差异、学生在不同生长发育阶段的特点等），运动负荷安排要体现对学生身体的无伤害性，同时要有利于促进学生身体发展。

（3）运动负荷的安排要充分考虑学生之间共性与个性关系，需要体育教师在运动负荷方面考虑周全。一方面，教师要从学生的整体情况来考虑。这个整体情况主要是指学生在相同年龄段有相对趋同性，因此他们的身体素质发展有类似的特点；另一方面，教师在整体趋同性的基础上，还要关注一些个人特殊情况，如对伤病学生的运动负荷安排应酌情减少。

（4）运动负荷安排应为逐步提高学生自我控制运动负荷能力服务。体育教学虽然主要以学生参与身体练习为主，但是也不能忽视学生对体育理论知识方面的掌握，体育理论教学往往能够让学生更好地理解体育的意义，从而促使他们主动参与体育锻炼中来，而不是仅仅在课堂中参与。因此，体育教师应加强对学生体育运动理论知识方面的教育，提高学生判断运动负荷是否合理的基本能力，并使学生能在体育活动中自主调节运动负荷。

（5）体育教学中应重视合理休息。运动负荷的安排与休息方式、休息时间有关。科学合理地安排休息方式、休息时间和心理负荷，对于顺利达到理想的体育锻炼效果有着重要作用。

（四）全面发展原则

体育教学应以促进学生的身体锻炼为基础，促进学生身心的全面协调发展。在体育教学中，除了促进学生身体健康外，还应将体育教学与心理学、美学和社会学等学科知识结合起来，全面促进学生智力、心理素质、美育（感）等多方面能力的发展，以培养适应社会主义现代化建设需要的人才。

1. 基本依据

（1）社会主义体育教学目的的需要。我国社会主义的性质，决定了体育教学具有明显的社会主义目的性，这就要求体育教学要为培养身体健壮的全面发展人才服务。因此，在体育教学中，要使学生身心双修。

（2）实现体育教学基本功能的需要。体育具有健身功能、教养与教育功能、休闲娱乐功能、促进个体社会化功能和美育等多种功能。由此可见，体育教学是集中实现体育多种功能的有效途径。

（3）学生发展的需要。在新的历史发展时期，学生的发展并不仅限于身体的发展，在思想、心理、智力、道德品质与行为、审美及表现美的能力等方面都应有所发展。

2. 基本要求

（1）在体育教学中，体育教师要对体育教学大纲（或课程标准）精神认真学习和领会，全面贯彻教学大纲（或课程标准）的目标和要求。

（2）体育教师应树立现代体育教学价值观念。用现代体育教学价值观去对体育教学质量做出评价与衡量。现代体育教学除了具有一定的生物学价值，还具有心理学、教育学、社会学及美学的价值。

（3）体育教师在制订各种体育教学工作计划和编写教案时，应在课堂中给予学生足够的身体练习时间，并在教学中重视学生的心理发展。

（4）在体育教学的准备、实施、复习、评价等阶段中，无论是制定教学任务、选择教学内容还是运用各种教学手段和方法，都应注意增强学生体质并促进其全面发展。

（五）巩固提高原则

1. 基本依据

根据遗忘规律和运动条件反射建立与消退的理论，学生学到的知识与技能在一段时间内，如不经常复习就会遗忘或消退。另外根据"用进废退"原理，学生对所学习的运动技能进行反复练习时，有助于发展运动能力、身体素质和生理机能，起到强身健体的作用。因此，要注意巩固提高所学到的知识和运动技能。"学习如逆水行舟，不进则退""温故而知新"这些关于学习的名言名句充分揭示了学习中巩固提高的重要性。体育教学多为身体的练习，一般来讲，如果这种练习不能得到巩固，就会随着时间的延长而消退，因此在体育教学中遵循巩固提高原则是十分必要的。

2. 基本要求

（1）在体育教学中，教师应合理安排训练计划。让学生进行反复强化的练习，增加练习的密度，使其获得进一步的巩固和提高。制订合理的训练计划是为了让机体在巩固提高的过程中避免出现过度疲劳损伤机体。

（2）不断提出新的学习目标，培养学生的体育运动兴趣和体育学习动机。

（3）教师要给学生布置适量的课外体育作业或家庭体育作业，将课内课外结合起来，达到巩固提高的目的。

（4）增加运动密度和动作重复的次数，反复强化，不断巩固运动条件反射，提高技术水平、身体素质和体育能力。

（5）体育教师应重视良好体育教学方法和训练方法的选择。在教学中，可通过改变教学方式或者改变练习条件来达到巩固提高的目的。

（六）终身体育原则

1．基本依据

通过体育教学长久地影响学生对运动健身重要性的理解，并使学生身体力行地参与其中是体育教学的最终目的。这也是新《体育与健康课程标准》对当前体育教学的基本要求。因此，培养学生的终身体育意识，帮助学生养成终身体育的良好习惯是体育教学应遵循的基本原则之一。

2．基本要求

（1）促进学生终身体育思想的形成。体育教学中，教师要对学生的体育爱好与技术特长加以留心观察，并积极引导帮助，而且要注重对学生体育学习兴趣的激发，引导其形成终身体育思想，养成持久体育锻炼的习惯。

（2）在体育教学中充分考虑教学的长期与短期效益，体育教师不仅要重视体育教材或某项运动技能的教学成果，还要考虑体育教学的长期效益，这与体育教育总体目标的要求是一致的。

## 二　体育教学的方法

（一）语言教学法

语言教学法即在教学活动中，教师通过对学生进行语言指导，从而达到相应的教学效果的方法。作为一名教师，能够正确、简明、形象地使用语言，对于学生的学习和教学工作任务的完成具有重要的意义。正确地使用语言，不但能够使学生更好地理解相应的学习目标和任务，而且能够促进其对相应的知识和技能进行快速掌握。

因此，在体育教学过程中，教师应注重语言法的运用，注重语言的技巧。一般学校体育教学中语言教学法的形式有：讲解、口头汇报、口头评价以及口令和指示等。

1．讲解法

讲解法即教师将相应的动作要领、方法和规则要求等方面的知识向学生进行说明，其目的在于更好地指导学生进行相应的运动技能的学习和掌握。讲解法是较为常用的教学方法，在运用时，应注重以下五个方面的问题。

（1）要明确讲解的目的，根据教学的目标、教学内容和学生特点进行讲解。在讲解过程中，应对自身的语速、语气进行调节，并抓住教学内容的重点和难点，具有一定的目的性和针对性，这样才能够使学生明白哪些是重点和应该着重理解哪些方面。

（2）在进行讲解时，应注重其内容的正确性，不管是具体的工作原理还是相关的基本知识，都应做到准确无误。另外，还应注重讲解的方式要与学生的学习情况和学习能力相适应，使学生能够很好地接受相应的知识。

（3）为了更好地使学生理解相应的技术动作，讲解要做到生动形象、简明扼要。具体而言，在讲解过程中，应注重将新的技术动作和知识内容与学生已经了解和熟悉的内容联系起来，使学生更好地理解相应的动作技术。另外，教学时间有限，学生的注意力集中程度也会随着学习时间的延长而有所下降，因此，应抓住重点，简明扼要地进行讲解。

（4）在内容讲解过程中，对于一些知识体系和动作技术，不能将其孤立起来，要注重启发学生的发散性思维和创造性思维，使学生能够触类旁通、举一反三，更好地理解相关的知识，达到学以致用的目的。

（5）在进行讲解时，还应注重讲解的时机和效果。在讲解相应的内容时，首先应选择合适的站立位置，确保每个学生都能够听到相应的内容。另外，给学生进行讲解时，应充分调动其好奇心和积极性，如此才能取得更好的效果。

2. 口头汇报法

口头汇报法是教师了解教学效果的重要方法之一，这种方法要求学生根据教学需要，向教师表述学习心得和有关教学内容、方式和疑难问题等相关方面的问题。通过学生的口头汇报，能够使教师明确自身在教学过程中的不足，为教师提高和发展自身的教学水平提供相应的依据。对于学生而言，通过这种方式不仅能够培养其语言表达能力，还能够促进其进行积极的思考，加深其对教学内容的理解。因此，在教学过程中安排相应的口头汇报不仅有助于教师和学生素质的提高，对于教学质量的提升也有重要的促进作用。

3. 口头评价法

口头评价法也是一种重要的语言方法，对于学生的动作完成情况以及课堂表现给予相应的口头评价，能够更好地促进学生的学习。口头评价可分为两种：一种为积极的评价；另一种则是消极的评价。积极的评价即对学生的正面鼓励，它能够在一定程度上激发学生的积极性，促进教学活动的更好开展；消极评价则是否定性的评价，这种评价往往指出学生的不足，明确其提高的方法和努力的方向，但用这种方式时应注重语气和口气。

4. 口令和指示法

在体育教学过程中，需要借助多种口令和指示，如"立正""跑""转体"等。这些语言简短有力，能够很好地指导学生进行相应的技术动作的学练。但需要注意的是，运用这些口令和指示时，应注意把握其时机和节奏，否则会造成学生动作的不协调和出错。另外，还应注重发音的洪亮有力，不仅要使学生能够清楚地听到，还应给学生以势在必行之感。

（二）直观教学法

直观教学法是体育教学中较为常用的一种教学方法。通过相应的直观的方式作用于人体的感觉器官，引起相应的感知，从而实现体育教学目的。一般常用的直观教学法有：动作示范、条件诱导、多媒体技术、教具和模型的演示等。在实践过程中，人们认识事物时都是首先从感觉器官的感知开始的，因此，直观教学法能够使学生更易于理解相应的教学内容。

1. 动作示范法

动作示范法指的是教师采取一些示范动作使学生对技术动作的形象、结构和要领进行掌握的基本方法。一般在进行动作示范时，教师可亲自进行示范，也可指定相应的学生进行动作示范。在采用动作示范方法时，应注重以下四个方面的问题。

（1）在进行动作示范时，应具有一定的目的性。如果是为了使学生了解动作的基本形象，示范动作可稍快；如果动作示范是为了使学生了解相应的动作结构，并引导学生进行学习，则动作应稍慢，可略夸张；如果是示范相应的重点和难点动作，可多示范几次。

（2）示范动作一定要注重其正确性，避免对学生形成误导。在进行相应的讲解时，不仅要注重内容的正确性，还要体现出教学内容的特点，并与学生的学习能力相适应，提高学生的学习兴趣。

（3）进行动作示范时，应使全体学生都能够看到。因此，可使学生呈圆圈形站立，或是错位站立。

（4）在进行动作示范时，一般会配合相应的讲解方法，使学生能够更好地理解。可采用先示范后讲解、边示范边讲解和先讲解后示范等方式。

2. 条件诱导法

条件诱导法也是较为常用的一种教学方法，它以某种条件为诱因，并与相应的动作建立联系，从而达到相应的教学目的。例如，通过相应的音乐伴奏和喊节拍的方式，形成一定的动作节奏感；通过简单的语言提示使得学生的动作能够流畅进行。另外，也可设置相应的视觉标志，指示学生进行相应的动作方向和运动轨迹、幅度等方面的操作。

3. 多媒体技术法

多媒体技术法主要包括电影、幻灯片、录像等。在运用电影和电视、录像时，应注意播放内容要与体育教学目标相适应，并有机结合电影和电视、录像与讲解示范练习。多媒体技术虽然在教学过程中得到了普遍的运用，但是在体育教学过程中，其应用并不广泛。这与体育教学在户外授课、器材运用不方便有很大的关系。

4. 直观教具与模型演示法

在体育教学过程中，对于一些高难度的动作可采用图表、照片和模型等直观方法进行辅助教学。通过运用这些教学工具能够使学生更加易于理解相应的技术结构和动作形象。另外，对于一些战术配合，也常采用模型演示的方式进行讲解。

（三）完整与分解教学法

1. 完整教学法

完整教学法指的是从动作开始到结束，完整地进行教学和练习的方法。一般在技术动作的难度不是很高，或技术动作不可进行分解时，会采用完整教学法进行教学。另外，在首次进行动作示范时，也会采用完整法来进行动作技术形象的示范。完整教学法的优点在于动作协调优美、结构简单、方向路线变化较小，各部门之间具有密切的联系。其缺点在于对一些复杂的动作而言，采用这种教学方法会为教学带来一定的困难。为了便于学生进行学习，促进教学活动更好地开展，应注重以下四个方面的问题。

（1）在讲授一些简单和易于掌握的动作技术时，教师可以先进行完整的动作示范，然后由学生直接完成完整的动作练习。

（2）有些技术动作无法分解，这时要采用完整教学法。需要注意的是，在采用这种方法时，要对其中的各项要素进行必要的分析，如动作的用力、动作转变的时机等。但是，不能拘泥于动作的细节，要从整体上进行把握，确保动作的完整性和流畅性。

（3）对于一些难度动作，可适当地降低其难度，可先通过降低难度或是徒手完成相应的动作，在此基础上逐渐增加难度。需要注意的是，降低难度时，不能使技术动作出现错误，这是基本要求。在教学过程中，对于一些器材的质量以及高度、距离等标准可适当降低。

（4）采用完整法进行教学时，可适当改变外部的环境条件，在外力条件的帮助下完成相应的完整动作。

2. 分解教学法

分解教学法即将完整的动作划分为几个部分，逐步使学生掌握完整的动作技术。这种方法适用于难度相对较高，并且动作可分解的运动项目。采用这种教学方法时，能够将复杂的动作分解为简单的动作，从而使技术难度降低，更加有利于学生的学习和掌握。但是，这种方法也有其相应的缺点，即它注重对于局部动作的分解把握，可能在一定程度上使得学生对于整体的理解不全面。因此，分解教学法和完整教学法通常结合使用。

在运用分解法进行教学时，应注意以下三个方面的问题。

（1）应仔细分析动作技术的特点，采用合理的方式对其进行分解，注重时间、空间等方面的有序性和统一性。

（2）将完整的技术动作分为多个环节时，应注重各个环节之间的联系，注重动作结构之间的联系。

（3）在熟练掌握各阶段的动作之后，要注重各个环节之间的动作衔接，要保证其过渡的流畅性，形成有机的整体。

（四）游戏与竞赛教学法

1. 游戏教学法

游戏教学法也是体育教学过程中较为常用的一种方法，它是指教师组织学生通过做游戏的方式来完成相应的教学任务的方法。通过开展相应的游戏，使得学生之间开展竞争和合作，提升学生的思考和判断能力，促进教学质量的提升。游戏法具有一定的趣味性，能够提高学生参与的积极性，培养学生的学习兴趣，因此在体育教学中被广泛地运用。在运用游戏法时，应注重以下三个方面的问题。

（1）应根据教学目标和教学内容采取合适的游戏规则和游戏要求，确保游戏内容与教学内容相契合。

（2）采用游戏法时，学生需要遵守相应的规则。但是，应注重对学生的鼓励以充分发挥其主动性和创造性。通过开展相应的游戏引发和启迪学生的思考。

（3）教师应做好相应的评判动作，要做到公正、客观，避免挫伤学生参与体育学习的积极性。

2. 竞赛教学法

竞赛教学法即在教学过程中，为了检验教学效果和提高学生的技术水平，组织学生进行比赛的方法。竞赛法将所学的技术动作应用于实践，能够使学生更好地掌握相应的技术动作。采用这种方法具有一定的竞争性和对抗性，学生需要承受较大的运动负荷。通过开展竞赛，能够培养学生的应变能力，对于其心理素质和意志品质等方面的发展也能起到一定的促进作用。

采用竞赛法时，应注重以下两个方面的问题。

（1）开展竞赛时，应进行合理地组织，无论是个人赛还是小组之间的比赛，其实力应相对较为均衡。

（2）开展相应的竞赛时，学生应熟练地掌握相应的技术动作，并能够在比赛中很好地运用。

（五）预防与纠错教学法

为了防止和纠正学生在练习过程中出现和可能出现的错误动作，教师在教学过程中经常采用预防与纠错教学法。在教学过程中，学生对于各种动作技术的掌握不标准和出错的状况是不可避免的，教师应正确对待，并注意进行有意识地引导和纠正。

预防和纠错是相互联系的。预防意味着具有一定的超前性，要求对于可能的错误动作进行积极地引导，并对其出错的原因进行分析；纠错具有鲜明的针对性，即针对学生的错误动作采取相应的纠正措施，并分析出错的原因。预防与纠错的具体方法有以下四种。

1. 语言表述法

为了使学生建立起正确的动作概念，应注重动作细节与要点描述的准确性，使学生能够明确理解各技术动作的标准和结构顺序。通过这种方式，使学生建立起正确的动作意识。

2. 诱导练习法

为了使学生的动作准确无误，可采用诱导性的教学方法，使学生达到相应的教学要求。例如，学生在做肩肘倒立时，不能将腰腹部挺直，针对这种情况，可在垫子上方悬一吊球，让学生用脚尖触球，这样学生就可以挺直腰腹部了。

3. 限制练习法

在进行相应的动作练习时，设置一定的限制条件，有助于错误动作的纠正。例如，在进行篮球投篮练习时，为了使学生的投篮动作更加协调、标准，可进行罚球线左右的投篮练习，使学生掌握正确的投篮方式。

4. 自我暗示法

自我暗示法是一种重要的方法。它是指学生在进行相应的动作练习时，为了保证动作的准确性，在练习中有意识地暗示自己达到要求的方法。例如，在进行篮球的投篮练习时，学生可暗示自己投篮时手指、手腕的动作要标准，使得自身的投篮动作准确无误；再如，在奔跑练习中要暗示自己注意后腿充分蹬地。

（六）体育教学的其他方法

除了上述的教学方法之外，在创新教学理念的影响下，一些其他教学类别的教学方式也逐渐被移植到体育教学之中，如自主学习法、合作学习法以及发现式教学法等。

1. 自主学习法

自主学习法为了实现相应的教学目标，在教师的引导下，学生依据自身的需要和条件制定相应的目标，选择相应的教学内容，并通过独立地分析、探索、实践、质疑、创造等方法来进行学习的方法。自主学习能够充分发挥学生的主观能动性。

在体育教学中，自主学习法指的是"为了实现体育教学目标，学生在体育教师的指导下，依据自身的需要和条件制定目标、选择内容等学习步骤，完成学习目标的一种体育学习模式"。[①] 自主有独立性、能动性和创造性等特点，有利于激发学生学习体育的积极性，培养学生的体育自主学习能力，确立学生在体育学习中的主体地位，提高体育教学的学习效果。

在体育教学过程中，采用这种方法时应注意以下两方面的问题。

（1）学生应根据自身的知识储备和能力水平，选择相应的目标和学习内容，并在教师的引导下进行。

① 周登嵩：《学校体育学》，人民体育出版社 2004 年版，第 196 页。

（2）学生应根据自身情况，对照学习目标，积极进行自我调控，并及时改进教学方法和教学策略。

2. 合作学习法

合作学习法是指"在教学过程中，对学生进行相应的分组，学生为了完成共同的学习任务，而有明确的责任分工的互助性学习形式"。[①] 各小组成员根据自身的特点承担相应的责任，他们之间是相互依赖的关系，在相互协作中，完成相应的任务。在体育教学中，应用该方法应遵循以下六个步骤。

（1）在教师的引导下，学生结成相应的小组。

（2）全体成员在教师的指导下，根据教学内容确定相应的教学目标。

（3）确定各学习小组的研究课题，并对各小组成员之间的分工进行明确。

（4）小组成员合作学习，围绕相应的主题完成自身的任务，从而实现小组任务目标。

（5）各小组进行一定的学习和交流，分享相应的成果，并纠正自身的不足。

（6）对学习的过程进行评价，总结经验和得失，促进下次学习更好地开展。

3. 发现式教学法

发现式教学法是通过积极引导学生发挥自己的创造性思维，使学生在发现的过程中进行学习的一种教学方法。有学者将其定义为：从"青少年学生的好奇、好动等心理特点出发，以发展学生的创造性思维为目标，以解决问题为中心，以机构化的教材为内容，使学生通过再发现进行学习的方法"。[②]

在体育教学过程中，运用发现式教学法要遵循以下三方面的步

---

① 周登嵩：《学校体育学》，人民体育出版社 2004 年版，第 197 页。

② 同上书，第 198 页。

骤。首先，提出相应的问题，或是设立相应的学习情境，使得学生面临相应的问题和困难，在教师的引导下进行相应的探索；其次，通过进行相应的练习，初步掌握技术动作的原理和方法；再次，通过分组讨论，提出相应的假设，并进行相应的实践验证，并对提出的问题进行讨论，最后得到共同的结论。

采用发现式教学法时，应注意以下四个方面的问题。

（1）教师要善于提出相应的问题和创设相应的情境，要充分调动和激发学生的积极性，激发学生学习的兴趣。

（2）教师提出的问题应适应学生的能力水平，使学生能够根据已有的知识和经验，并通过一定的探索得到相应的答案。

（3）教师要注重抓住教学的重点，引导学生对于重点问题进行积极地思考，并找出解决问题的方法，启迪学生的创造性思维。

（4）采用这种方法时，应注重由浅入深、由抽象到具体，使得学习过程符合人们的认知规律。

# 第三章

# 高校体育教学的创新性探索

随着我国高校体育教育的不断发展，体育教学水平要想更进一步上升到一个新的台阶，就需要在总结前人经验的基础上，引进国外先进的教育思想和教学模式，并结合我国的具体国情，不断加强体育教学的研究和创新，如此才能保持高校体育教学的先进性，促进体育教学更好地发展。

## 第一节　现代体育教育新理念

与以往旧的教育理念不同，现代教育理念更加注重人的自身的发展，强调现代教育是为人服务的，要"以人为本"。在这样的背景下，"健康第一""终身体育""以人为本"等教育理念都得到了很好的发展，体育教学只有建立在这些教育理念基础之上才能体现出时代性和先进性，从而得到进一步发展。

### 一　"健康第一"的教育理念

（一）"健康第一"教育思想树立的客观依据

1. "健康第一"的教育思想符合世界发展的潮流

1948 年世界卫生组织给健康下了一个定义，指出健康应从身体、心理和社会适应能力三个方面来综合考虑，健康的状态应该是身体、精神和社会的良好适应。在此之后，健康教育理念开始深入人心，并逐渐延伸到学校教育当中。我国结合世界卫生组织对于健康的定义，进而提出了"健康第一"的教育理念及思想。1990年6月，我国教育部和卫生部联合颁发了《学校卫生工作条例》，使得健康教育纳入学校教育之中有了一定的法律依据和保障，这对于加强高校体育健康教育，进一步拓展群众体育和学校体育的领域，倡导全民参与体育健身都有极为重要的意义和作用。1999年，第三次全国教育工作会议于北京召开，会议明确了良好的身体素质是青少年建设祖国、为人民服务的前提，强调中小学及高等院校必须加紧改革，将体育教育纳入学校体育教育重要的工作之中。《全国普通高等学校体育与健康课程教学指导纲要（征求意见稿）》试行后，各高校加强了体育教育改革的力度，都主张将大学体育健康教育放在第一位，培养学生健康体育的意识和理念，并建立和养成长期参加体育锻炼的好习惯。2005年《中共中央国务院关于深化教育改革全面推进素质教育的决定》要求学校教育要以"健康第一"为指导思想，不断提高学生的身体素质。

综上所述，"健康第一"的教育理念是符合现代社会及世界发展的潮流的，这种崭新的、科学的教育理念必将得到弘扬与发展。

2. 健康教育思想适应了社会发展的需求

随着现代社会的不断发展和进步，世界上各个国家的综合实力都有了明显的提升，竞争也日趋激烈，竞争归根到底是专门人才和劳动者素质的竞争。对于一个国家来说，要想立于不败之地，就必须造就一大批高质量的专门人才，而这些人才不仅要具备丰富的知识和出色的能力，同时还要有一副健康的体魄。因此，在新的时代背景下，学校教育特别强调学生的身心发展，要求学生树立"健康第一"的教育理念与思想，从而不断促进自身综合素质的发展与提高。

据调查，目前我国各学校学生的营养状况并不是很理想，有营养不良和体重问题的学生所占比例高达30%以上，这种情况势必影响学生综合素质的提高，进而影响我国的社会现代化建设。如不加以改变，将不能适应新时代对人才的需要。所以，我国各学校相关部门要加强体育教育改革，总结经验与教训，加大学校体育教育工作的力度，从根本上促进学生身体素质的提高。大量的实践和事实表明，学生积极参与体育健身活动，不仅能有效地增强体质，还有利于心理能力的提高与发展，这对于国家及整个社会的发展都是非常有益的。

（二）健康教育的主要任务及目标

1. 调整体育教学内容，普及科学的锻炼知识

健康教育的主要目标之一，就是增强学生的体质，使学生建立终身健康的意识，积极主动地参与体育锻炼之中。另外，高校体育教学应根据学生体质健康测试标准，并结合学校的具体实际，允许学生自由选择自己喜爱的体育项目，使他们自愿参与自己喜爱的运动项目之中，从而掌握基本的健身方法和技能，进而树立终身体育锻炼的意识。

2. 进一步完善体育与健康教育体系

体育是一门涵盖知识非常丰富的学科，在体育教学中渗透着体育人文学、运动人体学、健康教育学等内容，使人们的体育锻炼富有科学性和人文性，在体育教学中应不断提高学生对体育课的兴趣，使他们认识到体育健康教育的意义。另外，在体育教学中，还应增加促进学生身心健康发展的常识性内容，如预防艾滋病、远离毒品、切忌吸烟饮酒等，以帮助学生建立和养成良好的作息习惯，并保持健康的心理状态，这对学生的健康发展具有重要的意义。

3. 贯彻国务院明确阐述的"学校教育要树立'健康第一'的指导思想"

随着现代社会的不断发展，竞争也日趋激烈，在这样激烈的竞争环境下，仅仅依靠丰富的知识和较高的智慧是不能适应这种变化的。在这样的时代背景下，国务院提出了"健康第一"的指导思想，要求学校培养身体健康、心理稳定、拼搏竞争、团结协作的新型高素质人才。学校体育教育的理念应从以往单纯的"增强体质"为主转移到"健康第一"的新型发展观。

4. 高校体育教育要服务于学生体质健康

"健康第一"的指导思想要求高校体育与健康教育的目的是增进

学生的身心健康、增强体质、培养全面发展的合格人才。其中，运动技术是提高身体素质的手段，但学生同时也需要掌握体育保健的方法，养成自觉锻炼的意识。

5. 高校体育要服务于学生心理健康发展

在体育教育中，心理健康教育也是非常重要的一环。在社会主义市场经济体制下，竞争越来越激烈，来自社会各方面的因素，如学习、就业、恋爱、婚姻等都对学生造成了极大的心理压力，致使很多学生产生了各种各样的心理问题。因此，学校体育教育要高度重视大学生的心理健康教育。学校体育的组织形式比较灵活，制定的体育锻炼目标因人而异，能全方位地评价学生的体育能力，对学生心理素质的提高是非常有帮助的。

6. 高校体育要服务于提高学生的社会适应能力

作为一种独特的教育形式，体育教育能在一定的规则约束下，实行公平、公正、公开的竞赛，这对于学生协调人际关系，增强团队的凝聚力，加强自我心理调节能力，培养社会责任感，以及遵守社会规范都有重要的意义。因此，在学校教育发展的过程中，应将学校体育作为一门重要的教育工具，并深入挖掘其蕴含的教育价值，这样才能充分贯彻"健康第一"的教育理念，促进学生综合素质的提高。

（三）在健康体育理念影响下具体实施途径探索

在新时期，学校体育要树立"健康第一"的指导思想，并将其贯穿学校工作的始终，这是新时期学校体育教育工作者应完成的重要任务。在"健康第一"的教育理念下，学校进行健康教育的途径要从以下四个方面重点考虑。

1. 提高体育教师的综合素质

教师的综合素质对体育教育质量的提高具有重要的作用，现代体育教育要求体育教师不能只满足于以前知识培养的单一教学模式，而要具有一定的科研探索能力。这就要求体育教师掌握科学和人文两方面的基本知识以及扎实的体育基本功。体育教师要熟知信息科学、生命科学、环境科学等基础知识，了解体育教育的人文价值，掌握学生素质发展的规律，努力提高自身的综合素养。除此之外，体育教师还要树立终身学习的思想，适应不断发展与变化着的社会。体育教育也需要与任课教师、学生、家长等有关人员合作，以产生协调效应。

在现代社会背景下，体育教学还要加强教师对教学的监控能力，这主要包含教师按教学目的对教学活动的决策与设计能力，课堂组织能力和管理能力，评估学生知识、技能的能力等。体育教师应结合自己的实际经验，善于在工作中发现问题，探索问题，解决问题，努力提高自己的科研探索能力。

2. 将体育、卫生、美育有机结合，提供有力保障

进行健康教育，除了掌握基本的健身知识和体育能力外，还要求学生了解和掌握基本的营养、卫生等知识，将身体锻炼与卫生保健结合起来。因此，在学校体育教育中，还应加强学生的营养和卫生指导。目前，我国学校体育与卫生保健的结合取得了一定的成效，但还没有形成一个完善的体系。因此，在新时期，在体育教学中，要紧密结合学生生长发育与生活实际开展健康教育，使学生会自我保护，预防疾病。在日常学习和教育中，要把学生青春期教育和心理健康教育作为健康教育的重要内容来抓好。应广泛开展多样的体育活动，丰富校园体育文化建设，使学生的体育生活充满生机。体育是健与美的有机结合，寓美育于体育之中，能丰富体育的内容和形式，使学生感受到体育运动的美，进而产生主动参与体育运动的兴趣，从而提高运动能力，增强自身综合素质。

3. 培养学生的健康意识和行为，使其自觉参加体育锻炼

学校体育教学应从学校的实际情况出发，制定适合学生发展的体育教学大纲与教材，组织好学生参加体育运动锻炼。在上体育课时应注意适量，不应矫枉过正；在体育课外活动中应加强体育教师的指导力度；开展多种形式的体育比赛；有针对性地加强营养学、心理学、保健学、环保学、身心健康等方面的知识教育。

4. 加强学生健康知识和锻炼方法的培养，体育教育要与社会体育资源相结合，培养学生运动特长，形成运动习惯

大学生参加体育锻炼，必须具备体育健康的知识和方法，这是非常重要的。在以往的体育教学中，大部分体育教师都过于重视运动技术的培养，而忽视了体育健康知识的传授，这在一定程度上导致了学生体育锻炼的盲目性，因此，对学生进行健康知识的培养和传授能有效避免这种情况的发生。另外，学校体育教育工作还应立足学校，放眼社会，多开设社会体育设施建设较好的项目，为终身体育的开展创造有利的条件。良好的、受学生欢迎的运动项目能提高学生锻炼的积极性，有助于其良好运动习惯的养成。

综上所述，在体育教学中应坚持以运动技术为主，同时重视健康知识和健身方法的传授，充分挖掘和开发受学生欢迎的体育运动项目，以培养和提高学生参与体育运动的兴趣，进而形成"终身体育"的意识。

## 二 "终身体育"的教育理念

健康教育和终身体育是大学体育教育非常重要的两项内容，这两方面相互影响、协调推进，发展到现在，各个国家的学校教育都特别强调终身体育的重要性，由此可见，终身体育已成为世界体育发展的潮流。在高校体育教育中，高校应确立以学生健康为导向的体育观念，为学校的工作重心指明方向，使学生长期坚持体育锻炼，以达到终身体育的目的。

### (一) "终身体育"概述

"终身体育"这一概念是由日本学者早川太芳于 20 世纪 70 年代首次提出的，这一观念在 20 世纪 90 年代初传入中国。所谓终身体育，是指人们在整个生命过程中所进行的科学的、有效的身体锻炼和所受到的各种体育教育的总和，随着生命的诞生而开始，随着生命的消亡而结束，是人们对体育教育与锻炼存在的意义在理性思辨上的根本改变。简而言之，就是贯穿人类一生的体育活动或与生命具有共同

外延的持续的体育教育过程。一般来说，终身体育教育的过程可以分为学前体育、学校体育和社会体育等三个教育层次，其中，高校体育教育是学校体育的重要组成部分，也是终身体育教育至关重要的一环。

随着现代社会的不断发展，竞争也越来越激烈，这对大学生提出了更高的要求，要求其不仅要有知识、理想、道德，同时还要有健康的体魄和心理。大量的实践已经表明，体育锻炼不但能使人们拥有强健的体魄，还能促进其心理健康水平的提高。有关数据表明，人们对自身身体的要求主要是来自对健康的需求，这与高校提出的健康体育观遥相呼应，也为终身体育增添了新的动力，有利于终身体育观念的贯彻和实施。

在 21 世纪，我们要牢固树立终身体育锻炼的理念，以奠基健康的身体素质和积极向上的精神风貌，不断提高个人的生活质量。当运动者感受到体育运动的重要性时，又会积极主动地参与体育锻炼之中，进而形成良性循环，最终实现终身体育的目的。

（二）终身体育的培养

1. 要注重培养学生终身体育的意识

对学生进行终身体育的培养首先就要增强学生的体育意识。现代心理学理论认为，行为是在认识事物的前提下，在引发动机和兴趣的基础上产生的。因此在体育教学过程中，教师要帮助学生端正体育学习的态度，树立正确的体育学习目标，建立良好的学习动机，激发他们主动学习体育的热情。另外，在加强体育技能培养的同时，也要抓好体育基础理论的学习，时刻强化学生终身体育的意识，以实现学生的体育价值。此外，学生终身体育意识的培养还可以与社会化相结合，以体育的体系化、社会化为目标，实现全民健身，以实现终身体育的社会价值。在具体的教学过程中，体育教师应树立使学生终身受益的目标，对每次课堂和课外活动提出相应的要求，以健身为目标，将素质、技能、知识、能力等教育内容渗透终身体育的意识。

另外，在体育教学中，还要加强体育教师综合素质的培养，这对学生形成体育意识具有十分重要的意义。体育教师应具备基本的职业素养、丰富的知识、先进思想观念以及健康的精神面貌。大量的实践证明，高水平的体育教师往往更能赢得学生的敬重、信服，通过丰富多彩的教学方法，让学生通过体育锻炼，认识到终身体育锻炼的价值，促使学生积极主动地参与体育锻炼之中。

2. 及时调整学校的体育目标

终身体育是高校体育教育思想的重要内容之一。根据社会的发展形势，单纯追求对学生有机体生物学的改造无法满足其内在自我实现的要求。在终身体育思想观念的影响下，高校体育的发展充满了活力，人的生命本身得到了改造。高校体育是实施终身体育的关键环节，它对发展学生的体能、心理等基本素质都具有重要的作用和意义，能帮助学生最终实现终身受益的目的。发展到现在，高校体育已被视为终身体育锻炼的有机组成部分。因此，学校体育教育应树立强身育人的目标，贯穿终身教育的主线，在培养学生基本知识与技能的同时，促使学生认识到良好的终身体育教育的意义并培养这方面的能力。

3. 培养和提高学生的思维能力

在体育教学中，不仅要培养学生学习体育知识和技能，同时还要培养学生的多样性思维能力。多样性思维是在个体处于复杂多样的环境下所进行的思维活动，在平时的体育教学中，要对学生进行单一思维和多样性思维的培养，经常对学生进行举一反三的思维训练。这其中需要注意的是，思维训练要和技术训练、战术训练、心理训练等结合起来进行。

4. 丰富学校体育教学的内容

长期以来，受传统教学方法的限制，我国高校体育教学内容大都局限在大纲范围内，授课内容较为单一、枯燥乏味，缺乏一定的新颖性，学生只是填鸭式的被动接受，其学习的热情和创造力受到严重束缚，进而导致学习的质量和水平无法得到有效提高。目前，高校体育改革的目的在于使个体在有限的学生时期学习体育基础理论和基本技能，在以后的生活和工作中，能够自觉地进行体育锻炼，由此与终身体育紧密衔接起来。

为了进一步丰富体育教学的内容，高校体育课教学应进一步拓宽选修课的范围，可采取以下措施。

第一，教授交际舞、保龄球、桥牌和溜冰等学生乐于接受的体育项目。

第二，适当开展篮球、排球、乒乓球、足球、健美操等专项活动竞赛，并努力提高活动的趣味性。

第三，尽可能在课堂上安排耐久跑等锻炼内容，并视季节特点做出不同的安排。

第四，适当增加哑铃操和腰腹肌训练等方面的内容，增强学生的基本体能素质。

第五，引导学生关注体育热点，讲授体育竞技规则和裁判基本知识，对大型体育比赛的技巧等进行适时的解说。

第六，支持学生自行组织各种形式的体育比赛，全面培养学生的自我组织能力和参与运动的意识。

5. 进行必要的体育检查与考核，充分调动学生终身体育的积极性

体育考核是检查和衡量体育教学效果的重要手段，在高校体育教学环节中起着非常重要的作用。通过考核的反馈作用，体育教师可以及时了解学生的学习效果，进而有针对性地采取教学措施和手段提高教学质量，同时还可以充分调动学生学习的主动性和积极性。可供体育教师利用的体育考核方法有很多，教师要灵活多变地加以运用，考核项目与考核标准因人而异，考核的目的不仅在于让学生最大限度地表现自己的体育技能，增强体质，调动终身体育教育的积极性，还在于增强学生的自信心，引导学生自觉地参与体育锻炼之中。

6. 注重学生体育能力的培养

高校体育教育及改革的一个重要目的就是培养学生的体育能力。体育能力主要是指学生对体育科学活动适应和自身学习行为的心理调节能力，因此可以在体育锻炼中，形成锻炼身体的主动性和积极性，进而提高其运动能力。结合当前体育教育的特点及发展情况，应注意

培养学生以下三个方面的能力：第一，自觉锻炼能力，学生能够熟练地运用已经掌握的体育知识、技能，形成体育锻炼的自觉性，养成终身体育的好习惯；第二，自我评价、自我管理和自我监督的能力，让学生对自己身体的具体情况有一个正确的认识和评价，及时调整运动计划；第三，适应自然环境和社会环境的能力，增强学生对疾病的抵抗力和免疫力，培养各方面的适应能力，提高运动锻炼的水平。

7. 改善场地、器材和管理的条件，加大宣传力度，开展形式多样的课外体育活动

要进行体育锻炼，没有一定的场地、设施、设备是无法进行的，因此，高校应当完善体育器材和场地的管理制度，制定体育场地、器材配备的标准，为学生进行体育锻炼创造有利的条件。在高校中，要充分利用广播、校报、校刊、校园网等宣传工具，或定期开展体育知识讲座、运动比赛等来宣传体育健康的基本知识、国内外的体育赛事等，激发学生主动参与体育锻炼的兴趣。培养大学生的终身体育意识，除了要以教学为核心外，还要加强其课外体育锻炼。通过各种各样的体育活动的举办，能营造极向上的体育运动氛围，为学生的终身体育锻炼打下良好的基础。

## 三　"以人为本"的教育理念

### (一)"以人为本"概述

"以人为本"的科学发展观及教育理念，对我国体育教育的发展具有重要的指导意义。"以人为本"中的"人"既是个体，又是群体，既具有自然属性，又拥有社会属性。高校体育教学要建立在以人为本的基础上，坚定不移地实施科教兴国战略和人才强国战略，不断满足人民群众日益增长的教育需要。

早在商周时期，先人就提出了民本的思想，认为人民是一个国家的基础。发展到春秋时期，儒家倡导"仁者爱人"的思想、战国时期齐国管仲提出"以人为本"的治国思想，再到后来孟子的"以民为国家之本"等思想，都与"以人为本"的思想有着密切的关系。当然，

我国古代传统的民本思想与今天的"以人为本"的理念与思想并不完全相同,二者之间存在着一定的差别。

在西方,古希腊时期就出现了"以人为本"的理念与思想,而其正式形成则在意大利文艺复兴时期,19世纪初,哲学家费尔巴哈第一次提出了"人本主义"的口号。发展到现代,一些人本主义哲学家,采取了非理性主义方法,进一步完善了人本主义体系。受人本主义思想的影响,西方教育思想在教育观念、目的、内容和方式等方面都发生了很大程度的变化,促进了现代体育教育的发展。

目前我国的教育思想,是建立在马克思主义以及关于人的全面发展的理论基础上,结合中国的具体实际,形成的完整而科学的以人为本的教育价值取向。"以人为本"的教育思想对我国实施科教兴国战略以及民族复兴都具有重要的意义。

(二) 以人为本教育理念的贯彻

进入21世纪,人才是关键,我国必须要通过实施科教兴国战略和不断推进教育改革,从而实现人与社会的全面发展。现代社会的不断发展对高校体育教育提出了多种需求,因此各高校要贯彻落实科学发展观,构建社会主义和谐社会和在教学中贯彻以人为本教育思想是新课程改革的必然要求。在新时期,贯彻以人为本的教育理念对学校体育教育的发展和体育人才的培养具有重要的意义。

1. 在大学体育教育教学中以学生为本

大学教育要牢牢树立以人为本的观念,要不断充实办学资源,大力开展人才培养工作,尽可能地为学生创造良好的学习环境和锻炼氛围;本着对学生高度负责的原则,提供充足的教育教学资源以满足学生的发展需求;尊重学生的个体差异,促进学生的个性发展;完善培养方案,构建科学的课程体系;重视改变教学方式,增强教学的感染力、吸引力,激发学生的学习动机,调动他们学习的积极性。大学教育以人为本,首先就要关注学生的利益,树立为学生服务的观念,使学生获得个性与全面素质的共同发展。

2. 在大学体育教育教学中以教师为本

大学生的发展是通过教师的教来实现的。因此大学教育以人为本的教育理念也体现在以教师为本方面。高校要为体育教师营造一个宽松的工作环境和良好的工作氛围，定期对教师的教学进行评估，让教师及时了解教学的效果，并调整教学计划。另外，对教师的管理不应该过分强调防范性、强制性，而应该具有人性化，要充分尊重教师和信任教师，不要约束教师的自由，要给予教师充分的自主权。

进入 21 世纪以来，我国高等教育取得了快速的发展，体育教育也须顺应时代的潮流，不断革新教学观念，以科学的、合理的、人性化的教育观念有效促进了大学体育的发展。高校学生在终身体育观念的引导下，在贯彻"以人为本"的科学发展观中得到了进一步的发展。

（三）以人为本教育理念对我国高校体育改革的启示

1. 对学校体育价值的重新定位

现代体育教学中处处彰显着人文主义精神，这与弘扬人文精神的时代潮流是相适应的。众所周知，学校体育的根本出发点和落脚点是"育人"，但是长期以来，我国学校体育总是过多地关注"增强体质"而忽略了体育运动其他方面的价值。另外，随着现代社会的不断发展，实用主义对学校体育产生了重要的影响。学校忽略了对学生情感、个性等的培养，这不利于学生的全面发展。

学校体育的首要本质功能就是要增强学生的体质，但这并不是唯一的，学校体育还应在增强学生体质的基础上，进一步拓展体育教学的人文价值，建立多元化的体育教学价值体系。

2. 对学校体育目标的重新建构

通过对学校体育教学的现状以及制约学校体育教学发展因素的分析，一些学者及专家逐渐认识到技术教育和体制教育并不能完全作为学校体育实践的重心，应该把重心从单纯地追求学生的外在技能水平提高向追求学生的全面协调发展转移。这些都体现出了我国在学校体育改革中更加注重学校体育目标的人文倾向。

3. 对学校体育课程内容的重新调整

我国的体育课程是处于不断变革与发展之中的，但是目前来看，体育课程内容还不能完全满足体育教师的需求。因此，在未来体育教学改革与发展的过程中，要对体育教学课程内容做一定的调整，以适应体育教学不断变化的需求。

（1）趣味性：在体育课程改革与发展的过程中，要充分利用学生的好奇心，激发其学习的积极性和主动性。

（2）创新性：体育课程内容还要为学生创新精神的发展提供广阔的空间。

（3）适用性：体育课程内容的设置要侧重于对学生的终身体育能力的培养，加强学生与社会和生活的联系。

（4）普及性：体育课程内容中对于一些竞技体育项目中不适合该年龄阶段学生的技术要领、规则、器材和设施要进行相应的改造，以有利于学生参加运动健身。

4. 对学校体育教学的重新认识

在"以人为本"的教育理念下，出现了众多的教学观念，如成功体育、快乐体育和终身体育等，这些教育思想大都十分注重学生个性的培养、创新精神的培养以及注重激发学生的学习积极性等。在体育教学改革的过程中，一些新的体育教学模式不断出现并得到了广泛的传播，如情景式教学、发现式教学、快乐式教学以及创造式教学等。但对于如何将学生的被动学习变为主动学习，如何使学生获得良好的情感体验，如何发展学生的个性等问题，已经成为现代学校体育教学改革讨论的热点话题。

进入 21 世纪后，在以人为本的教育理念下，学生学习体育知识不再承受痛苦和沉重的负担，而是为了展现自我、弘扬个性、满足自身享受快乐的需要。在全球化的发展背景下，各种思想文化处在不断的发展和融合之中，因此体育教育理念和思想也呈现出多元化的发展趋势。在新的历史时期，我们应把握住机遇，加强体育教育理念的更新，从而促进体育教学的发展。

# 第二节　体育教学的人文主义探索

在体育教学改革与发展的过程中，人文主义思想对我国的体育教学产生了极为重要的影响。因此对人文主义进行探索对我国的高校体育教学的发展具有重要的意义。

## 一　人文主义解析

### （一）人文概念

《辞海》将人文解释为"人类社会中的各种文化现象"。它是指人类文化中优秀的、健康的、先进的、科学的部分。

在社会生产生活中，人类、民族和人群会形成一定的价值观念、信息符号以及道德和行为规范，即文化。在人类文化中，人的价值观念是整个文化的核心，它深刻地影响着其他方面的形成和发展；信息符号是文化的基础，它不仅实现了信息之间的沟通，还在一定程度上影响了文化的发展和继承；行为和道德规范以及法律法规方面的内容也是人类文化的重要内容，它起着一定的规范和制约的作用。在人类不同的发展时期，人类文化具有不同的发展特征，文艺复兴时期的特征表现为人们给予人文以高度的重视。人文是人类文化中最为核心的部分，是价值观念和行为规范方面的内容。作为一种先进的思想，人文思想体现了尊重、重视和关爱他人等多方面的内涵。

### （二）人文分类

一般来说，人文可有教育、文化、历史、社会、艺术、美学、国学、哲学八种分类。各种分类所包括的具体内容如下。

教育：科学、学术、素质（礼仪素养品德）。

历史：中国、外国、世界。

文化：文学。

艺术：美术、电影、音乐、神话。

社会：人权、法律、政治、经济、军事。

美学：跨学科（艺术、伦理、文学、心理、哲学）。

哲学：思想、宗教。

国学：易学、诸子。

（三）人文主义精神

在我国学术界，对于人文主义精神的认识并不深刻，因此对其内涵尚不清楚，没有达成共识，故在有关人文精神的学术讨论中各持己见。一些学者认为，由哲学、文学、伦理、艺术和历史等构建出来的人类精神世界的思想和知识领域就是人文，而人文精神就是在其中所体现出的具有最高级意义的价值观念和行为准则。

王汉华在《"人文精神"解读》中对人文精神进行了研究和整理，并针对人文精神的概念提出了以下五层含义：其一，从科学的角度来看，人文精神是对科学、知识、真理的追求和探索；其二，从道德的角度来看，人文精神就是对道德信念、道德人格、道德行为、道德修养的追求和看重；其三，从价值的层面来看，人文精神就是渴望和呼唤自由、平等、正义等重大价值；其四，从人文主义的层面来看，人文精神就是尊重和关注人，就是期盼和高扬人的主体性；其五，从终极关怀的层面来看，人文精神就是反思信仰、幸福、生死、生存、社会终极价值等问题。

## 二　人文主义思想对体育教学的影响

（一）促使传统体育教学理念进行更新

在人文主义思想的影响下，体育教学改革与发展的过程中出现了"学习领域目标""课程目标"等一些新的概念。教学目标也被进行了多层次的划分，并确立了"身体健康"和"运动技能"两个最为基础的目标，并且在此基础上确立了"心理健康"和"社会适应"等多方面的新的目标。

在21世纪，商业化不断发展、实用主义盛行的社会背景下，我国大学进行了人文教育与科学教育两种观点之间的论战，在很长一段时间内，科学主义主导了我国的大学体育教学。在科学主义的影响下，大学教学呈现出科学至上的原则，并且政治化和意识形态化也较为严重。科学主义膨胀造成人文精神的萎缩，使得在教学过程中，人文性逐渐缺失。人文精神缺失也成为我国社会的一大弊病。

在体育教学改革与发展的过程中，随着课程改革的逐步进行，人文主义精神逐渐回归。在开展各种形式的体育活动时，僵化的行政观念模式正在逐步松动，并且处处体现着人文关怀的印记。在教学过程中，体育课堂从教师示范、学生学习与练习的循环中解脱出来，体育课堂逐渐变得生动而富有活力，学生在这种愉快的教学环境中，往往能提高学习的质量和效果。

（二）促进课程体系进行调整

在体育教学改革与发展的过程中，课程体系是非常重要的一方面。通过课程体系方面的改革，教学内容变得更加丰富多样，能满足学生多方面的需求。但是，在体育教学实践过程中，在设置相应的教学课程时，学校多有不当和不足之处。在学校教学过程中，为了赶上教学进度，很多学校都会牺牲体育教学的时间，用来进行其他学科的学习。这种现象在我国各学校中普遍存在，需要引起高度的重视。

在人文主义思想的影响下，体育教学中的诸多问题都得到了明显的改善。学校在设置相应的体育教学课程时，开始考虑学生的各方面需求，并且在课程中逐渐将学生作为课程中的主体。学校在进行教学内容和课程体系设计时，更加注重学生的个性和性别特点，并且开始根据学生的身体素质水平来提供丰富多彩的、供学生进行选择的体育教学内容。在体育教学过程中，教学工作者更加注重学生的身心发展规律，通过多方面的努力来提高学生的学习兴趣和积极性，进而提高教学的质量和水平。

（三）促进体育教学方法的优化

在体育教学改革与发展的过程中，教学方法的改革也至关重要。在人文主义思想的影响下，体育教学进行了多种形式的改革，学生的人文主义精神也得到了良好的培养。作为人文体育教学的重要组成部分，学生在体育教学过程中要得到全面的发展，这需要教育工作者对学生的素质教育给予高度的重视。

在人文主义教学思想的影响下，体育教学方法不断得到优化和发展，先进的教学方法使得学生在教学过程中真正体会到了体育运动的快乐，并且能够在运动过程中感受到其独特魅力，形成终身体育思想。

另外，在体育教学改革的过程中，运动场馆和运动设施也逐渐得到了发展和完善，吸引着众多的学生参与体育锻炼之中。体育运动场馆和设备是教学必不可少的工具，通过多方面的建设不仅能够方便学生更好地进行体育运动，还能够使其深化理解体育教学中的人文主义精神。

（四）促进科学的体育教学评价体系的构建

在人文主义教学思想的影响下，体育教学评价体系得到了不断的发展和完善。而新的体育教学评价体系不仅注重对学生进行全面的评价，还注重对教师教学的方面进行评价。在教学过程中，评价者开始注重"区别对待"的原则，针对教师和学生的不同情况进行相应的评价。

教师在对学生的学习效果进行评价时，逐步开始重视对多方面的教学效果进行量化分析，并且将定性评价和定量评价相结合，大大提高了体育教学评价的科学性，对于学生认识自身的不足以及获得学习的动力起到了良好的促进作用。

在对学生进行评价时，将不仅仅局限于其对技术技能的掌握情况，更加注重对其创新能力、学习态度、意志品质等方面进行综合的评价。学校在构建相应的评价体系时，不仅注重其科学性和可操作性，更加注重在评价过程中体现多方面的人文关怀。在每堂课完成后，体育教师都要及时追忆每一位学生的出勤情况及所有隐性情感的表现，并做出较为客观的记录和评价，并善于通过学生在学习过程中的表现来考察学生的情感态度的变化和进步程度，并将学生情感的评价结果作为重要的素材，来保证学习效果评价的合理化和科学化。

（五）促进校园人文环境建设和良好体育教学氛围的营造

在体育教学过程中，良好的教学环境是非常重要的，这对于学生学习质量的提高具有重要的意义。因此，在体育教学改革与发展的过程中，应加强学校的人文环境建设，营造一个良好的教学氛围。

人文环境建设并不仅仅是学校的体育场馆和运动实施等方面的建设，还包括学校的体育文化建设，使学生能够积极主动地参与体育锻炼之中。体育运动文化的建设是一个长期的过程，在这一过程中，学生不自觉地获得了感染和熏陶，从而认可和接受相应的体育运动文化。高校校园人文环境的建设，能够更好地营造出体育教学的人文氛围，更好地加强和促进人文精神的培养。

（六）促进高校体育教师队伍建设和教师人文素质的提高

在体育教学中，体育教师是非常重要的要素，其对学生的学习起着重要的指导作用。而要想搞好体育教学中的人文精神，体育教师仍然是其中的关键因素。如果体育教师不具备一定的人文素质，也就无法培养出富有人文主义精神的学生。在教学实践中，无论是体育教师的形象、口才，还是其所具有的知识基础、专业水平、人格力量、道德修养等，都对高校学生人文精神的养成产生了直接或间接的影响。因此，不可否认的是，高水平的师资队伍是培养学生人文精神的前提条件，加强体育教师的专业素养与人文精神的培养是提高教学质量的关键。

在高校体育教学改革与发展的过程中，人文主义思想对学校体育教学有着非常深刻的影响。所有真知都来源于实践，作为体育教育工作者，要想形成一套切实可行、较为科学的课程体系还有很长的路要走，必须进行观念上的转变，树立以人为本的现代体育观，迎接人文体育时代的到来。人文体育的根本是对全面健身的充分认识，而学校体育便是推进全民健身的火种。

# 第三节　体育教学中新教育技术的应用

随着现代科学技术的不断发展，一些创新性的教育技术随之出现并得到了不同程度的发展，本节主要研究一下现代体育教育技术在我国学校体育教学中的发展。

## 一　现代教育技术概述

教育技术是关于学习过程与学习资源的设计、开发、利用、管理和评价的理论与实践。学者们将教育技术的发展分为三个阶段：第一阶段为传统技术阶段，其技术为最为简单的语言、文字、黑板、粉笔等；第二阶段为媒体技术阶段，其技术有摄影、无线电、电视、语言实验室等；第三阶段则是信息技术阶段，其技术为以计算机、网络通信技术等为基础的多媒体。

（一）现代教育技术的特征

现代教育技术的基本特征表现为以下四个方面。

1. 现代教育技术以现代媒体为基础

现代教育技术对教学活动产生着重要的影响，其中现代媒体技术发挥着越来越重要的作用。如果没有现代媒体技术的参与，就无从谈起现代教育技术。随着现代体育教学技术的不断发展，新的教学技术不断冲击着传统的教学方式，教与学的各个环节也在新技术的参与下发生着质的变化。

2. 现代教育技术是一种系统技术

现代教育过程中会面对各种问题，需要借助系统的方法进行解决。现代教育以系统论作为其重要的科学理论基础，这也决定了其教学方法的系统性。现代体育教学技术是教育系统的重要组成部分，在与教育系统的其他方面共同协调和配合下，促进了教育系统整体功能的提高。因此，现代教育技术是一种系统的技术，是现代多媒体技术的综合，同时也与其他教育系统的因素协调配合、系统运作。

3. 现代教育技术具有"实践精神"特性

现代教育技术具有较强的实践精神，与传统的教育技术的较强的经验性具有较大的区别。现代教育技术注重教学的理性和科学性，每一位教育工作者都能够在一定程度上操作和运用。并且随着科技的发展，教育技术的可复制性、可度量性和可操作性特征也更加凸显。

4. 现代教育技术的目标是实现教学最优化

现代教育技术在现代教育过程中逐渐被推广和应用，其最终目的在于促进教学目标的实现。现代教育技术作为一个综合的系统，其在一定程度上实现了教育资源的优化配置，对于教学过程中的设计、控制和决策具有重要的意义。

（二）现代教育技术的作用

1. 激发学生对体育学习的兴趣

教育心理学研究表明，学习动机中最现实、最活跃的因素是认识的兴趣，人们在满怀兴趣的状态下所学的一切知识，常常掌握得迅速而牢固。现代信息技术这一新生事物在学生的眼中是新鲜好奇的象征，在体育教学过程中运用现代信息技术课件辅助教学，实质上是给学生一种新异的刺激，目的在于诱导学生对新异刺激的探究反射，换句话说，就是采用新颖的教学手段来激发学生的学习兴趣。例如，在教篮球基础配合时，运用现代信息技术，能够比较形象地展现篮球基础配合的动作要点、动作方法、移动路线等，从而帮助学生建立正确的动作概念，使学生快速地掌握此项技术。

2. 加快学生学习速度，提高学习效率

在以往的体育与健康知识的教学中，抽象的知识往往以语言描述为主，教学中即使使用一些挂图、模型等直观手段也显得较为呆板。而现代信息技术课件可利用二维、三维等空间的设计，全方位地剖析教学难点，化难为易，使看不见、摸不着的生理现象变得生动形象，从而加快学生学习速度，提高学习效率。例如，在前滚翻教学中，利用前滚翻教学课件慢放，可以使学生认识到几种常见的错误动作的原因、过程，并学习到如何采取有效的措施、手段克服，从而在练习时尽量避免，在教学中起到积极的作用。

3. 帮助学生建立清晰的动作表象

清晰的动作表象是形成技能的重要基础，它来源于教师的讲解、示范、演示等教学过程。体育教学过程中有些技术动作很难用语言来描述清楚，尤其是身体腾空之后的一些技术细节，讲解的难度很大，示范的难度、效果也会不尽如人意。而通过制作现代信息技术课件则能轻松地解决这些疑难问题，帮助学生理解动作，形成概念，记住动作形态，并在大脑中建立清晰的动作表象。例如，在鱼跃前滚翻的动作教学中，鱼跃前滚翻动作有一个腾空过程，而教师的示范只能是完整连贯的技术动作，不可能停留在空中让学生看清楚空中的动作。对于初学者来说，这样的示范在大脑中只能留下支离破碎的模糊印象，不利于他们的学习。而利用现代信息技术课件教学展示，可以自由掌控动作的快慢，从而帮助学生建立比较清晰的动作表象。实践表明，利用此项技术，可以充分激发学生学习兴趣，提高学生学习效率。

4. 有助于学生建立正确的动作概念，统一规范技术动作

体育教材主要有田径、体操、民族传统体育、韵律体操与舞蹈、篮球、排球、足球、游泳等项目，内容繁多，新内容、新规则、新教材层出不穷，不断向体育教师提出新课题、新要求。体育教学的主要任务之一，就是使学生掌握一定的运动技能，并能在此基础上，灵活地应用与创造新的运动技能。教师要上好体育课，必须做正确标准的示范，帮助学生建立正确的技术动作概念，这就使教师的现有水平和教学的客观需要产生矛盾。利用现代教育技术可以帮助教师解决这一矛盾，比如运用现代网络视听媒体，把世界优秀运动员的先进规范技术，介绍给学生，有助于学生建立正确、完整的技术动作概念，较好地掌握技术动作。

5. 加强学生的健康教育

体育教学中的主要任务是教会学生进行体育锻炼的方法、培养学生进行体育锻炼的习惯及体育意识，为今后学生走上社会打下良好的基础，因此学校体育教学不仅要教会学生运动技能，而且还要让学生

学会体育健身的一些原理、如何健身等健康知识，但现今的学校体育教学只是在课堂上进行，教师传授的知识是有限的，如何提高学生的体育知识储备，成为当下亟须解决的问题，而网络大容量的知识可以帮助解决这方面的问题。教师可以在课堂中提出一些学生在实际生活中常见的问题，让学生通过网络查询答案，也可以由学生自己就体育锻炼中的一些问题在网上进行查询，通过这一过程，不仅在潜移默化中对学生进行了健康教育，还培养了他们的探索精神。

6. 促进现代体育教学的管理

目前各个学校每年都要举行一次校运会，而校运会的编排、准备工作对体育教师而言工作量都非常大，利用计算机进行运动会的编排，可以大大减轻体育教师的工作负担。每年的体育达标、期末考试体育教师都要进行成绩换算、统计，教师可以用 ACCESS 数据库制作一个学校体育教学系统，其内容包括教研组管理、教师备课系统、学生体育达标、体育课成绩管理、运动队管理、体育器材管理等。例如查询某学生的体育达标成绩，只要输入体育单项的成绩，与其对应的分数、总分、是否达标、平均分等全部都可以自动计算生成，这样可以大大减轻体育教师的工作负担。

## 二　体育教学中应用新教育技术的注意事项

### （一）正确认识现代教育技术及其引起的思想变革

#### 1. 正确看待技术的作用

在人们的社会实践过程中，科技极大地促进了社会的发展，但是同时也带来了一系列的问题。科技为教育提供了极大方便，但是不能将技术的作用极端化。技术作为现代社会的重要推动力，对人类社会文明的发展和进步起到了重要的推动作用。但是，技术只是作为一种文化、精神和文明等方面的载体而存在，物质技术并不能替代这些。教师只有具备较高的素养，才能够借助相应的教学技术来提高体育教学的效果。学生的个性发展正是在师生之间、同伴之间的交往之中才得以实现的。所以人—机关系永远不能代替人—人关系。

2. 不能否定体育教学技术的作用

虽然教学技术得到了快速的普及和发展，但是也有很多人对此持有怀疑和否定的态度，更有甚者片面夸大了其负面的影响。有教师认为，相应的教学技术会隔绝教师与学生之间的关系，认为教学技术的发展会对学生的社会群体性产生一定的消极影响。教师既应认识到教学技术对教学活动的促进作用，同时也应认识到相应的技术的缺点和不足，最大限度地发挥教学技术在体育教育中的作用。

（二）具体地实践和运用现代教育技术

随着现代社会及体育教学的不断发展，教学技术更新的速度也不断加快。对于教师个体而言，其个人能力相对较为有限，应对学生多方面的需求则会表现出一定的不足。教师只有不断进行学习，并且在实际教学过程中实践和应用相应的先进技术，才能够满足学生的各项需求。

目前来看，我国体育教学的技术水平相对较低，这在一定程度上限制了我国高校体育教学的发展。为了更好地促进我国体育教育的现代化，我国应从具体国情出发，全面推进教学技术的发展，使得现代教育技术能够得到良好的实践和运用。

1. 根据学生实际情况合理进行教育技术的运用教学

要选择适合的教学内容，接着要符合学生的心理特点和认知规律，为调动学生的积极性，深入理解内容，起到画龙点睛的作用。在现代信息技术的选择和制作过程中，教师要根据教学要求、教学效果、教学目标和学生的注意力的特点，认真研究现代信息技术类型以及运用的最佳环节，不可忽视自身的讲解组织的引导作用。随着科学技术水平和教育事业的发展，知识的更新，教学方法的改革，体育教师也应扩大知识面，学会运用现代信息技术，这是广大教师的基本能力之一。

2. 把握教育技术教学与传统教学的授课比例

在体育教学中，如何把握现代信息技术教学与传统教学两者之间的比例关系是非常重要的。虽然现代信息技术教学具有重要的作用，但由于体育教学户外锻炼的特殊性，决定了现代信息技术在体育教学中只能起到辅助教学的作用。因为现代信息技术教学手段的实现依赖于现代信息技术的教学平台，也就是说它需要在室内进行。而体育教学大多数的授课时间、授课场地都是在户外完成的。因此，教育技术教学虽然是体育教学中的重要组成部分，但在使用过程中，由于各方面条件的限制只能起到辅助作用。教育技术教学计划的安排，在内容上必须围绕技能课和理论课来制定，在课时安排上要注意合理安排，切不可刻意追求、喧宾夺主。

3. 运用现代心理技术服务于体育课堂教学

现代信息技术作为一种新的教学手段，对于提高教育教学质量具有十分重要的作用。应根据不同的内容组织不同的教学活动，对于何时详细讲解，何时板书，何时使用现代信息技术课件等都要做到心中有数，绝不能照"机"宣科。教师带着光盘上课看似轻松，实际上教师课前的准备还是需要下足功夫的。

体育教师不仅要熟练掌握教育技术，学会独立制作相关的课件，而且还应了解教学课件的功能和作用，学会在教学内容环节中合理地使用。体育教师必须清楚，采用现代信息技术教学后，教师依然是教学活动的主体，教师的讲解永远是课堂教学的核心；在众多的教学媒体中，无论传统的还是现代的，都有其相应的功能，同时也有一定的适应性和局限性，必须将它们有机地结合起来，才能达到教学目的。通过教育技术辅助的教学往往比教师的示范讲解更直观、更生动、更易被学生接受。广大教育工作者也更要注意和学生的互动，和学生打成一片，这样更有利于学生的学习。另外，在体育教学过程中，也应该尽早结束那种"师傅手把手教徒弟"的传统教学方法，而进入现代信息技术教学时代，让教育技术教学成为体育教学的一把利剑。

# 第四章

# 体育教学内容的革新与发展

体育教学内容是体育教学的重要组成部分，在体育教学改革中，体育教学内容也是改革的重点之一。本章主要从体育教学内容基本理论、体育教学内容的层次与分类、体育教学内容的编排与选择以及高校生态体育的开发等方面，来对体育教学内容的革新与发展进行分析与研究。

## 第一节　体育教学内容基本理论

### 一　体育教学内容概述

体育教学内容是以体育教育任务和目的为前提，将各种身体练习、运动技能学习和教学比赛等进行加工后，以教学形态的方式在课堂上展现的内容的总称。它主要包括了学生的身体练习和体育基本知识学习两大类。

（一）现代体育教学内容的产生

现代体育教学内容是近代以来逐步形成和发展起来的，而我国最早的体育教学内容可追溯到春秋战国时期，当时孔子兴私学，其教学内容"六艺"中的"射""御"就是体育教学的内容。在人类社会漫长的发展历史中，不同的文明都存在类似的体育教学内容的痕迹，而这些传统的体育教学内容也对现代体育教学内容的发展产生了潜移默化的影响。因此，有必要对近代体育教学内容的来源进行探讨。

1. 体操与兵式体操

公元前 7 世纪时，古希腊就出现了指导青少年和市民参加竞技的职业，而在公元前 5 世纪时，体操化已经实际分为了三类，分别为竞技体操、医疗体操和教育体操。在 18 世纪的欧洲，开始出现用于青少年的教育和军事训练的"兵式体操"，其是对原有的体操项目的继承和发展。近现代学校体育教学中的体操类部分大都源于"兵式体操"。

2. 游戏和竞技运动

很多学者认为，游戏是原始体育教学的基本形式，原始人类各种生存技能的掌握和学习都是通过"游戏"的形式来实现的。早在近代学校出现之前，很多学校中都有相应的游戏内容，随着市民体育的不断发展，一些"游戏"逐渐成为正规的竞技运动。随着资本主义在西方各国的先后确立以及工业革命的开展，竞技体育运动得到了迅速的发展。现代竞技体育运动伴随着殖民扩张逐渐传播到世界各地，经教会学校的传播逐渐发展成为各国体育教学的重要内容。

3. 武术与武道

在古代体育教学中，很多体育教学的内容多是一些实用的军事性技能，如我国的"射""御"以及欧洲的"射箭""剑术"，这些内容构成了现代体育教学中"武术"和"武道"内容的基础。随着冷兵器时代的结束，这些内容逐渐失去了其作为军事手段的意义，并向着健身和精神历练方面发展，并在很多国家的体育教学中占有了一定的位置。

4. 舞蹈

舞蹈是各国民族文化中的重要组成部分，并且其伴随着人类社会的发展而逐渐完善。舞蹈起源于人们的生产、日常生活、宗教祭祀等，是人类智慧的结晶。在近代学校中，很早就有了舞蹈的内容，一些韵律性体操类项目也随着瑞典体操的发展而逐渐兴起。在韵律体操的基础上，艺术体操、健美操等也逐渐兴起。

（二）体育教学内容与一般教学内容和竞技体育训练内容之间的区别

1. 体育教学内容与一般学校教学内容的差异

体育教学内容的选择和加工需要以学校体育教学的目标作为基础，并且主要通过身体的运动来进行教学。其主要目的是提高学生的身体素质和运动能力等。

而体育教学内容相比于一般的学校教学内容，其区别还是非常明显的。例如，语文、数学等一般教学内容，并不是以体育运动为主要知识媒介，其教学的形式并不是身体的运动，其目的也并不是为了学生运动技能的形成。

对于一些同样是在室外进行的学科，如军训、劳技等而言，由于它们的教学形式和内容同身体活动有密切关系，其中还伴有大肌肉群运动，有的主要目标也是技能形成，因此容易与体育教学内容相混淆。可是通过认真分析可以发现它们之所以不属于体育教学的内容，主要是因为它们有的不是以形成运动技能为培养目标，或者不是在体育教学环境下进行的活动。

2. 体育教学的内容与竞技体育训练内容的差异

体育教学的内容与竞技训练的内容具有一定的差异性。竞技体育训练主要是为了促进运动员竞技水平的提高，它是以竞技运动为手段，来达到娱乐和竞赛的目的。现代体育教学的内容主要是以学校体育需要和学生的体育需求为依据，目的在于促进学生的全面发展。

在奥林匹克竞技运动训练中，其各种训练内容的主要目的是为了在比赛中取得胜利，它不需要按照一定的教学目标和任务对其内容做出适应性调整，没有必要从教学的角度去做出改造。而作为教育内容的篮球运动，它需要对学校的阶段教学目标进行充分考虑，并根据学生心理和生理的发展特点，弄清学校篮球运动场地器材的实际情况，在合理安排教学课时和教学计划的情况下进行。

在现代教学中，体育教学是其重要的组成部分，而体育教学的内容是教学内容的重要构成。体育教学内容具有独特的性质，在教育内容中具有独特位置，其加工和选择具有鲜明的自身个性。

## 二　体育教学内容的主要特征

（一）教育性和健身性

1. 教育性

体育教学内容可以作为一种教育媒介，对受教育者进行相关的教育活动。因此当人们决定将这些身体活动选为体育教育内容之前，首先就会对其本身是否具有教育性进行考虑。在体育教学内容中，其教育性可以通过以下五个方面进行充分的体现：

（1）对受教育者身心发展的帮助。

（2）对落后危害活动的摒弃。

（3）活动过程中的冒险性和安全性共存。

（4）广泛的适应性。

（5）避免过于功利性。

2. 健身性

体育教学内容的学习过程，实际上也是学生从事身体练习的过程。在这一过程中，学生必然承受一定的运动负荷，这为增强体能、增进健康提供了可能性。合理安排身体练习的负荷，对增进健康的作用是其他课程无法相比的。

（二）系统性和娱乐性

1. 系统性

体育教学内容的系统性主要表现在以下两个方面。

（1）体育教学内容本身所具有的系统性，即由于体育运动中所存在的内在的规律使得项目与项目、技术与技术、内容与内容之间存在着一定的联系和制约因素，从而进一步形成了体育教学内容内在的结构。在编制学校体育教材时，这一内在的结构能够提供很好的理论依据。

（2）根据学校的教育目标、教学条件和教学环境以及各个年龄阶段学生不同的生长发育特点，对体育教学内容中存在的规律性特点进行认识，并对各个学校、各个年级的教学内容进行系统地、逻辑地安排，同时还要处理好它们之间的相互关系。这些方面也综合体现出了体育教学内容的系统性。

2. 娱乐性

体育运动项目是体育教学内容的重要来源，而大多数的体育运动项目都是从各种各样的游戏中发展与演变而来的。娱乐性和趣味性是运动性游戏的主要特征。学生在进行运动学习、训练与竞赛的过程中会经历合作与竞争，体验到成功与失败，这会对学生的情绪和情感产生深刻而丰富的影响。

（三）实践性和开放性

1. 实践性

在体育教学内容中，最为突出的特征就是运动的实践性。因为在体育教学内容中，绝大部分都是以身体练习的形式来进行的。在体育教学内容的实施过程中，始终是与体育实践活动紧密联系的，学生也只有通过实践，从事这些以大肌肉群运动为特点的活动，才能对所学内容进行真正的理解。如果学生仅仅是通过语言的传递，光靠看、想、听将很难达到体育教学内容所要求的水平。当然对于许多教学知识和道德培养的内容，也会存在于体育教学内容中，但这些知识的学习和道德的培养，也都需要在运动实践中进行充分的理解和记忆才能真正被学生所掌握。这一点与其他学科的教育内容也形成了鲜明的对比。

2. 开放性

集体活动是现代体育教学中进行运动学习和比赛的主要的内容活动形式，而运动是通过进行位置的改变来进行的，并且人的交流与交往在运动学习、训练和比赛中非常频繁，所以与其他的教育教学内容相比，人际交流的开放性在体育教学内容中表现得更为明显。正式将这种人际交流的开放性作为基础，体育教学内容就构成了培养学生竞争、协同、集体精神的独特功能，使得教师与学生、学生与学生在学习体育教学内容的过程中关系变得更加开放、密切，通过分组形式进行组织的教学内容使得小组内有了更加明确的分工。与其他学科的学习相比，在体育学习中各种角色有着更多的变化。

（四）非阶梯性和空间约定性

1. 非阶梯性

相比于一些一般学科知识内容，体育教学内容还有一个较为突出的特点，即它没有那种由简到繁、由易到难的较为清晰的阶梯性结构，也没有较为明显的由基础到提高的逻辑结构体系。体育教学内容更多的是由众多相互平行的竞技运动项目和身体练习而组成，并且还包括了较多的理论知识素材，为体育教学内容的选择增加了难度。

2. 空间约定性

体育教学内容还有一个"空间约定性"的特点。其成因在于大多数的运动都是在固定的场地上进行的，有的甚至是以场地来进行命名，如"沙滩排球""田径""郊游"等。换句话说，如果不受到特定空间的束缚与制约，这些内容就会发生质的改变，甚至一些内容本身就不存在了。由于体育教学内容的空间制约性，使其对场地器材具有很大的依赖性，而且使得场地、器材、规则本身也成为体育教学内容的重要组成部分。

## 三　体育教学内容的构成

在各年级的课程中都会有一定的体育类课程，其教学内容丰富多彩。随着经济社会的发展，人们也越发重视体育对于身心健康的作用，所以体育课程在未来将发挥越来越重要的作用。对体育教学内容的构成展开研究对于实现体育教学的目标以及满足社会发展的需求等具有积极的意义。

（一）基本教学内容

1. 体育、保健基本原理与知识

学生通过学习体育基础知识和基本原理来对体育有一个更为深刻的理解，这样对学生未来的生活和工作、对国家和人类社会都有着非常重要的意义，使学生能够更好地、更加自觉、理性地进行身体锻炼，运动实践更加科学和合理；此外，学生通过学习卫生与保健知识，对身体健康所需要的环境和健康的重要性形成一个全面的认识，并掌握一些基本的保健方法和手段，从而更自觉地爱护环境、保持健康。此类教学内容要力争与学生现实生活中可能遇到的实际问题保持密切联系。不仅如此，在这类内容的选择上要切忌支离破碎、简单无逻辑地罗列知识，而是要注意紧跟当前社会发展潮流，精选针对学生有重要意义的体育、保健原理来组织教学内容，并注意考虑结合运动实践部分的内容来组织教学内容。

2. 球类运动

球类运动主要包括足球、篮球、排球、乒乓球、羽毛球、橄榄球、网球等。学生通过对球类运动教学内容的学习，能够认识和理解球类运动的基本情况和球类比赛的共性特征，并掌握一项或两项球类运动的基本技术和运用战术的技能，并具备参加球类比赛的运动能力以及组织比赛和参与裁判工作的知识和技能。此类教学内容中的技战术通常较为复杂，每种技战术或技战术之间的组合相互依存、互相制约。因此，若要筛选出适合教学的内容显得比较困难。如果只是对单一技术进行教学，那么就失去了球类运动的本质，不能进行顺畅的比赛和应用，也会导致学生对球类运动失去兴趣，最终也不能使单个技术得到运用和提高。而若想整体详细讲解和介绍又需要较长的时间，比如有些球类运动要达到一定的教学目标，至少需要一学年的时间甚至更长。因此，如果计划开展此类项目，则应通盘考虑，注意把技术教学、战术教学与教学比赛结合起来。

3. 田径

田径运动与人的走、跑、跳、投等基本活动能力有内在关系，所以被誉为"运动之母"。通过此项教学内容使学生了解田径运动，理解田径运动在锻炼身体中的意义，使学生明白跑、跳、投等的基本原理和特征，掌握一些基础性、实用性较强的田径运动技能，学会用田径运动来发展体能的方法和注意事项，掌握一些基础的田径裁判和组织比赛的技能。田径教学内容既与田径运动技能有直接联系，同时还与人克服障碍、进行竞争的心理要求有内在联系。因此，应从文化、竞技、运动、心理体验以及发展体能作用等多方面去全面地理解、分析教学内容并组织教学。

4. 体操

体操运动包括技巧、支撑跳跃、单杠和双杠等。它是发展人的力量性、协调性、灵活性、平衡性等能力最有效的运动。体操的历史较为悠久，自人类进入文明时代后，体操就一直伴随着人类的发展，它还与人克服各种外界物体的心理欲求有联系。通过此项教学内容，应使学生了解体操运动文化的概貌，了解体操运动对人体的锻炼价值和作用，明白基本的体操原理和特征，掌握一些典型的、实用性较强的体操技能并学会用体操的动作来进行身体锻炼和娱乐、竞赛的方法及注意事项，能运用保护与帮助的手法去安全地从事体操运动。

对体操教学内容进行分析时应主要考虑到它的竞技、心理、生理等方面，力求将这些方面全面地进行。在教学过程中要注意循序渐进的原则，逐步逐量地加大动作难度、幅度以及改变动作连接等方式提高教学难度，使学生的技能得到切实地提高。

5. 民族传统体育

民族传统体育的内容有武术、导引、气功等。通过此项教学内容使学生对中国优秀、丰富的民族传统体育情况有所了解，并掌握用其来健身、自卫的方法。还要使学生在学习技能的同时理解中国的"武德"精神，讲究武术中的礼貌举止，并与爱国精神、民族自尊心的培养结合起来，教会学生基本功和一些主要动作。

民族传统体育教学需要较长的教学时间，同时还要兼顾教学的实效性。对于普通学生而言，鉴于民族传统体育往往需要较强的基本功，而这种基本功不是一朝一夕能够习成的，因而，这种教学内容的重点不应只是放在要求学生在学习过后能够完美地练一套套路，而是要根据学生的心理特点强调教学内容的文化性、实用性、范例性，特别加强对这些教学内容文化背景和意义的介绍以及武术教学过程的比较。

6. 韵律运动

韵律运动包括健美运动、民间舞蹈、健美操、体育舞蹈、韵律操、艺术体操等内容。通过学习，学生能够对各个运动项目的基本特征有一个大概的了解和掌握，并了解一些关于从事这项运动的基本规律和基本原则，同时掌握一些使用的套路动作和一些较为基本的健美运动技能；此外，学生还能够掌握对一些运动动作和套路进行创编的能力。通过此类运动项目的学习，还可以对学生的身体形态进行改善，并培养学生的身体节奏感和身体表现能力。

韵律运动在组织教学内容时，应从审美观培养、舞蹈音乐理论介绍、感情表达能力培养和健身效果等多方面来考虑。以往此类教学内容过多地考虑了动作练习的教学以及重视练习中的不断上量等，而对于向学生传授一些基本原则并让学生尝试自编的要求较弱，今后应予以考虑加强。

（二）任选教学内容

我国幅员辽阔、民族众多，在这种环境下，各地区或各民族的体育文化在不断演进中都逐渐拥有了各自的特点。这部分内容是为了适应各地的不同教学条件和为丰富体育教学内容而设置的，通过这一部分教学内容应使学生掌握一些与本地区文化背景有关、有地方特色的、地区社会所需要的体育知识和技能。

在进行任选课的选择和确定时，由于在体育教学大纲中可能对其中一些教学体育项目没有做出详尽的安排和指导，相关人员在选择此类教学内容时，应注意在教学的过程和计划中要有较为明确的要求和标准，以使其达到最佳的组合和效果。这部分内容的选用要求符合选用教学内容的基本要求，注意其文化性、实用性和特色性。

**四　体育教学内容的未来发展探讨**

随着时代的发展，体育教学内容也会呈现出不同的时代特点。在我国体育教学改革的逐步推进下，体育教学的内容将会呈现出一定的发展趋势，具体内容有如下五点。

（一）体育教学内容更加注重学生的全面发展

在传统体育教学中，体育教学的内容只注重学生身体素质的发展，带有一定的片面性。在体育教学内容的未来发展过程中，其由只重视身体素质发展逐渐转变为重视学生身体素质、心理素质和社会适应能力的全面发展。在教育思想、方针政策、体育目标、体育功能的影响和制约下，选择体育教学内容的范围也受到了很大的限制，这使得体育课曾一度成为以提高学生身体素质为主要目的的达标课。随着素质教育在我国开始实行和推广，体育教学内容的选择需要与素质教育的具体要求相符合，以使学生的心理素质、身体素质以及社会适应能力得到全面发展，从而将学生培养成为全面发展的社会需要的人才。

（二）体育教学内容更加注重学生终身体育意识的形成

终身体育的教学思想是现代体育教学的重要指导思想，而在这种教学思想的影响下，体育教学内容将更加注重学生终身体育的教育目标。终身体育已成为当今世界体育发展的一大趋势，要想实现这一目标就需要使学生学习和掌握参与终身体育所需的知识、态度和技能。因此，在未来的体育教学发展中，运动文化的娱乐性与传递性、教材的健身性之间的关系将被协调整合起来，一些具有健身价值、终身运动性质的体育运动项目将被作为体育教学的内容。

（三）由规定性向选择性以及不同学段逐级分化

以往的体育教学大纲在对体育教学内容进行确定时，总是试图在具有极强综合性的体育学科中来寻找运动项目之间的逻辑关系，并将所选择出的体育教学内容按照一定的逻辑关系使之体系化，但体育教学内容因缺乏相应的逻辑性而给教材的制定造成了一定的困难。将来的体育教学大纲在对体育教学内容进行选择时，非常重视遵循体育学科自身的内在规律，同时重视将具有娱乐性、健身性、时代性的体育素材，以及学生喜闻乐见的体育素材纳入体育课程之中，并且不同学段的教学内容和要求也有一定的区别，"选择制教学"将获得进一步的发展。

（四）从教师价值主体逐步转向学生价值主体

社会及学校教育的发展水平、教师与学生的价值观念都会对体育教学内容的选择与确定产生一定的制约。在传统的体育教学大纲中，选择与确定的体育教学内容主要是将体育教师对体育教学内容的价值取向体现出来，围绕着教师的"教"来进行体育教学内容的选择。随着现代体育教学改革的不断深入，体育教学内容的选择与确定主要是从学生的实际需要出发，更多地将学生的价值取向体现出来，即教学内容的选择应服务于学生的"学"。

（五）体育教学内容对新体育项目的吸收

体育教学内容也开始逐步吸收一些民族传统体育项目和一些新型的娱乐体育项目。随着现代社会的快速发展以及大众体育的蓬勃发展，一些新兴的体育运动项目和娱乐性体育运动项目不断涌现。青少年更加喜欢追逐潮流、追求时尚，所以也喜欢那些新兴的、娱乐性强的体育运动项目。因此，体育教学内容应革新以往传统体育教材的统治局面，而应注重对一些新兴、时尚的特色运动项目进行吸收，将其作为体育的教学内容。此外，未来体育教学内容的开发可以重点考虑我国各民族传统体育项目，这些具有民族特色和健身价值的体育项目是体育教学内容的良好素材。

# 第二节　体育教学内容的层次与分类

## 一　体育教学内容的层次

体育教学的内容丰富多样，具有一定的复杂性。为了便于更好地对其展开研究，并掌握其主次，有必要对其进行一定的层次划分。下面从宏观和微观两个层次对其进行分析。

（一）宏观分析

从宏观方面来看，体育教学的内容主要包括三个层次，分别为上位层次、中位层次和下位层次。上位层次是指国家课程和教学内容，中位层次是指地方课程和教学内容，下位层次是指学校课程和教学内容。

### 1. 上位层次

在体育教学中，上位层次的教学内容主要是由国家教育行政部门规定的各种教学内容，国家对教学方法进行的行政规划和管理，体现着国家的意志，各个学校都必须以之为依据展开教学活动。

上位层次教学课程和教学内容的开发具有一定的专门性，一般由各位教育方面的专家学者根据我国的具体实际来进行选择和设计。上位层次体育教学内容的主要目的在于使公民在接受基础教育之后达到一个共同体育素质。国家在开发和选择这些课程和教学内容时是非常严格的，需要根据不同阶段的教育性质和培养目标来进行。在基础体育教学中，课程的框架和大纲都是上位层次的体育教学内容的范畴。国家体育教学内容与地方体育教学内容相比，其范围要更为广阔。它对基础教育的体育教学质量有着决定性的作用。

### 2. 中位层次

中位层次的体育教学内容是地方课程和教学内容，它是由当地体育教学的行政部门在以当地的经济、政治和文化等各方面为依据，并在上位层次的体育教学内容为指导的前提下进行的选择设计。其开发者大多为省一级的教育行政部门或授权的教育部门。地方体育教学课程和教学内容能够更好地适应当地体育发展的需要，适应当地体育发展的现状。其能够更加高效地利用当地体育和教育资源，因此具有重要的价值。

### 3. 下位层次

下位层次即某一学校的具体体育教学内容，它是学校的教师以国家体育教学的课程和地方体育教学的课程为依据而选择和设计的，其具有多样性特点。体育教师在学校的体育教学思想的指导下，对学校的学生特点及其需求进行分析和评估，并对学校和学校附近的体育教学资源进行充分的考量，在此基础上进行体育教学内容的选择和设计。在选择和设计体育教学内容时，应注重学校、教师和学生的差异性，充分满足师生的体育教学需求。

上位层次、中位层次和下位层次这三方面的体育教学内容共同构成了我国的基础体育教学的内容体系，它需要国家教育部门、地方教育部门以及学校三者的协调努力，这样才能够促进体育教学内容的科学化发展。

国家、地方、学校各自所承担的职责有所侧重，其范围和比重也有所不同。

（二）微观分析

体育教学的内容从微观层面来看，主要包括四个层次，具体分析如下。

1. 第一层次

学校体育课程标准所示的学习内容是体育教学内容的第一层次。在课程标准中，规定了五个层次的学习领域，分别为：运动参与、运动技能、身体健康、心理健康、社会适应。这是通过分析活动领域来表述的，它不是通常意义上的体育教学内容。

2. 第二层次

体育教学内容的第二层次是课程标准所示的水平目标，如获得运动的基础知识，说出所做简单运动动作的术语（转头、侧平举、体侧屈、踢腿等）。这也不是通常意义上的学校体育教学内容，它是第一层次所表现出来的具体化形式，是能力目标分析。

3. 第三层次

体育教学内容的第三个层次是教学中具体运用的硬件与软件，也就是我们通常所说的"教具"，如篮球、排球、体操等以及有关的场地器材。这些都是学校体育教学内容第三层次的代表，也就是通常意义上的学校体育教学内容。

4. 第四层次

体育教学内容的第四个层次是指具体的练习方法和手段，也就是某项教学内容（如篮球）的下位教学内容，例如练习教学内容（篮球运动的各种练习方法）、游戏教学内容（与篮球运动关系密切的游戏）、认知教学内容（与篮球运动关系密切的知识）等都是第四层次的代表。

## 二 体育教学内容的分类

（一）根据活动能力分类

根据人体的基本活动能力对体育教学内容进行划分是体育教学实践中比较常见的一种分类形式。

人体的基本活动能力主要包括走、跑、跳、投、攀、爬、钻等动作技能，根据这些动作技能对体育教学内容进行划分，可将体育教学内容划分为如表4－1所示的内容。

表4－1　　　　　　　　　　根据人类的基本活动能力进行分类

| 实践内容 | 基本运动 | （1）走和跑；（2）跳跃；（3）投掷；（4）队列和体操队形；（5）徒手操和轻器械体操；（6）跳绳；（7）攀登、爬越、平衡；（8）技巧 |
|---|---|---|
| | 游泳 | |
| | 韵律运动和舞蹈 | |

根据人体活动能力对体育教学内容进行划分的分类方法的特点是体育教学内容不易受运动项目的限制。其优点在于：有利于体育教学内容的组合，有利于发展学生的各种身体动作和基本活动能力，适合低年级的学生。

其缺点在于：体育教学内容容易与运动项目脱节，不利于培养学生的某一运动项目技能，不易调动学生（尤其是高年级学生）学习体育内容的积极性和主动性，很难引起高年级学生对竞技运动的学习热情。

（二）根据身体素质分类

在现代体育教学中，发展学生的身体素质是体育教学的重要目标之一。因此，根据身体素质（力量、速度、耐力、灵敏度、柔韧性等身体素质），可将体育教学内容划分为如表4－2所示的种类。我国《九年义务教育全日制初级中学体育教学大纲》（1992年）中对体育教学内容的次级分类就采用了此种分类方法。

表4-2　　　　　　　　　根据身体素质进行分类

| 实践内容 | 田径 | |
|---|---|---|
| | 体操 | |
| | 发展身体素质练习 | 力量素质、速度素质、耐力素质、灵敏素质、柔韧素质 |
| | 球类 | |
| | 韵律体操和舞蹈 | |
| | 民族传统体育 | |

根据身体素质对体育教学内容进行划分的分类方法的特点是：它"在发展学生身体素质方面分类明确，项目内容并不是单纯发展某一方面身体素质的"。

其优点在于：该分类方法有利于实现学生锻炼身体的目的，可以帮助学生准确掌握各运动项目与身体发展之间的关系。

其缺点在于：这种分类显得不够准确，容易使学生难以充分认识到体育教学内容的文化特性。

（三）根据运动项目分类

根据运动项目对体育教学内容进行分类是现代学校体育教学中最常见的教学内容分类方法，是根据我国相关的体育教学大纲中关于体育运动项目的名称和具体内容进行教学内容的划分。表4-3为我国《全日制普通高级中学体育教学大纲》（1996年）中根据运动项目对体育教学内容的次级分类。

表4-3　　　　　　　　　根据运动项目进行分类

| 限选内容 | 韵律体操和舞蹈 |
|---|---|
| | 足球 |
| | 篮球 |
| | 排球 |
| | 游泳 |

和其他体育教学内容的分类方法相比，根据运动项目分类使得学校体育教学内容与社会上进行的竞技运动很好地保持了一致性，这种分类具有以下优缺点。

其优点在于：以项目为分类标准，有助于学生更容易理解体育运动名称和内容，有利于学生系统地理解和掌握竞技体育运动的文化。

其缺点在于：该种分类方法容易否定非正式体育运动比赛项目或一些尚不规范的体育运动比赛项目。但就规范、正式的体育运动比赛项目而言，通常其专业的比赛规则和高超的运动技能不适用于作为非运动员的学生学习和掌握，因此，需要教师在纳入体育教学内容过程中结合本校学生的具体特点和本校开展体育教学的现实条件对这些体育运动项目进行适当的改造，问题的关键在于改造后的体育教学内容与原有的运动项目之间会产生各种不同的差异，会在一定程度上影响体育运动项目的真实内容及表现形式，会误导学生对运动项目的理解和掌握。

（四）根据教学目的的分类

根据教学目的对体育教学内容进行分类的方法主要是以人为赋予的体育教学要达到的目的为分类依据。如表4-4、表4-5所示的体育教学内容都是据此进行分类的。

**表4-4　　　　　　　　　　根据教学目的进行分类（一）**

| | | |
|---|---|---|
| 体育教学内容 | 发展身体基本活动能力的手段和方法 | 跑、跳、投等单一型练习方法；跑、跳、投等组合型练习方法；跑、跳、投等综合型练习方法 |
| | 增强身体素质的手段与方法 | 健身跑、健身走、广播操、肌肉练习方法 |
| | 常见运动项目的内容与方法 | 田径、篮球、排球、足球、体操、武术 |
| | 余暇和交往中的体育手段与方法 | 郊游远足、体育游戏、体育舞蹈、台球、羽毛球、网球、轮滑、滑冰、潜水、观赏运动介绍 |
| | 保健康复的体育手段与方法 | 矫正体操、太极拳、保健气功 |

**表 4 - 5**　　　　　　　　　　　**根据教学目的进行分类（二）**

| 通用部分 | 运动实践 | 为掌握运动项目技能的身体练习运动实践 | 田径、球类、武术、体育舞蹈、器具体操 |
|---|---|---|---|
| | | 发展身体素质的身体练习 | 五大素质练习 |
| | | 提高基本活动能力的身体练习 | 攀、爬、钻、跳等练习 |
| | | 为掌握锻炼方法的身体练习 | 各种运动处方的实践 |
| | | 为进行安全教育的身体练习 | 救护、交通安全演练 |
| | | 为发展学生心理素质的身体练习 | 拓展训练、野外、冒险 |
| | | 为培养行为规范体态的身体练习 | 基本体操、队列 |
| | 知识学习 | | |
| 选用部分 | | | |

根据运动项目对体育教学内容进行分类的优点具体如下。

其一，该分类方法可使体育教学目标更加明确。

其二，该分类方法便于体育教师根据具体的运动项目选择与之匹配的教学方法。

其三，该分类方法可增强对体育教学的指导性。

其四，结合项目进行体育教学可以打破传统的"以竞赛为目的的教学内容编排体系"，有助于学生更加系统地学习各个体育运动项目的知识和技能。

其五，运动项目分类清晰，不会发生难以避免的内容重叠，也不会发生逻辑上的问题。

（五）综合分类

在现代体育教学中，采用按基本部分与选用部分、理论与实践教学内容、各项运动的基本教学内容与发展身体素质练习教学内容等相互交叉的方法对体育教学内容进行划分即为综合分类方法（见表 4 - 6）。

**表 4 - 6**　　　　　　　　　　　　**综合分类方法**

| 基本部分 | 体育基础知识 | |
|---|---|---|
| | 身体锻炼内容 | 田径、体操、球类、民族传统体育、韵律、舞蹈、身体素质 |
| 选用部分 | 游泳、滑冰 | |
| | 基本部分补充延伸 | |
| | 地区、民族、民间体育 | |
| | 其他 | |

体育教学内容的综合分类法优点主要表现在以下三个方面。

首先，对体育教学内容的综合分类能够反映学生不同年龄阶段的特点和对学生的基本要求。

其次，综合分类有助于在体育教学过程中保持体育运动项目的固有特点和系统性。

最后，综合分类有助于加强体育运动项目对学生身体锻炼的实效性，使体育运动项目的技术和发展学生身体素质的实践练习紧密结合起来。

总的来说，综合分类有助于实现体育教学的综合效果，但该分类方法也有不足之处，主要缺陷在于"不是用同一标准进行的分类"，违背了事物分类的基本原则。

在现代体育教学实践中，对体育教学内容的理解不同，所采取的分类方法也不同，体育教师应结合体育教学内容的不同层次及学生、学校的实际情况科学地进行分类，分类过程中，注意在同一体育教学内容的层次上采用同一个标准进行分类。

# 第三节　体育教学内容的编排与选择

## 一　体育教学内容的编排

体育教学内容的主要的编排方式包括直线式排列和螺旋式排列，同时还包括以上两者综合在一起而得到的混合型排列方式。在历次的教学大纲当中，关于直线式排列和螺旋式排列所能够运用的教学内容，往往只是模糊地说明一些锻炼身体作用大的教材适用于螺旋式排列来进行编排，而对于适合于直线式排列的体育教学内容却丝毫没有提及。因此，与体育教学内容编排的理论相关的研究仍存在以下问题。

首先，并不只有锻炼身体作用大的教材才适合于螺旋式排列的编排方式。这是由于一些教学内容兼具难度和深度，并且总是要求学生熟练掌握运动技能，这些教学内容对于螺旋式排列方式来说是更加适合的。

其次，对于适用于直线式排列的教学内容没有明确。迄今为止，所有的体育教学大纲都缺乏对这一问题的详细说明，提及最多的地方仅仅是说体育卫生的相关知识的编排适合用直线排列来进行。所以适用于直线式排列的编排方式的体育教学内容，成为在体育教学内容编排理论当中的一大盲区。

最后，对直线式排列和螺旋式排列当中单元的区别缺乏明确的说明。例如，每学期3课时"螺旋式排列"、一次3课时"直线式排列"和一次30课时"直线式排列"的教学内容，对于教学计划的安排以及产生的教学效果一定是非常不同的。假如进行编排时选用排列方式的比例没有影响，编排理论中所说的螺旋式排列和直线式排列这两种排列方式的不同点究竟是什么？假如在体育教学内容的编排中并不存在这样的统一规定，那么，适合3课时"螺旋式排列"的内容包含什么，适合30课时"螺旋式排列"的内容又包含什么，适合3课时"直线式排列"或者适合30课时"直线式排列"的教学内容又是什么，这些问题是切实存在的，因此必须有一个合理的说明。

教育科学出版社出版的《体育与健康》一书中，对于体育教学内容的编排提出了以下理论。

体育教学内容的编排当中，存在循环周期的现象。这种循环周期现象是指，在同一教学内容当中，不同的学段、学年等范围当中进行的反复的重复安排。这种循环的周期有的是课，有的是单元，有的是学期，有的是学年，甚至有的是在某一个学段当中。以跑步为例，一节体育课上要进行100米跑，下一次课当中仍要进行100米跑就是以课为周期的循环。在一个学期内安排100米跑，在下一个学期内的课程上仍要安排100米跑就是以单元和学期为周期的循环，以此类推。因此根据以上理论，我国体育教学学者根据不同的内容性质而对体育教学的内容的编排分为以下四个层面：一是"精学类"教学内容——充实螺旋式；二是"粗学类"教学内容——充实直线式；三是"介绍类"教学内容——单薄直线式；四是"锻炼类"教学内容——单薄螺旋式。

以上编排方式对于新课程标准中对体育教学内容的要求做出了很好的满足，并根据体育教学内容当中的自身理论，结合当前体育教学内容当中的各种情况的现状，创新地将各个方面的内容合理编排在体育教学中，所以在未来很长一段时间内，这种编排方式都将是非常实用的。

## 二　体育教学内容的选择

体育教学内容这一因素在体育教学当中非常重要，体育教学内容对整个体育教学活动的过程产生着非常大的影响。体育教学内容同时还将教师与学生联结在一起，促进学生和教师之间的信息交流。体育教学对于体育教学方法和教学手段通常起着制约的作用，这有助于体育教学目标与课程目标的实现。为了适应时代的需求，体育教学内容的选择必须要符合一定的依据，遵循一定的原则。

（一）体育教学内容选择的依据

1. 体育课程目标

体育课程内容在实现体育课程目标的过程中，是作为手段而不是目的而存在的。体育课程目标存在多元性的特征，体育运动项目和身体练习也具备可替代性的特征，这都使体育教学内容的选择变得更具多样性。所以选择体育教学内容时必须有标准可以依据。

体育课程的目标是对教学内容选择的重要依据，这是由于，体育课程目标在体育课程编制的过程中，在每一个阶段内都作为教学内容的先导和方向，它经过了多方专家的合理思考验证，同时它对各个方面的影响也都经历了认真合理的验证。因此，进行体育教学内容时，目标是必须遵循的，相应的体育课程目标对应着相应的体育课程内容。

2. 学生的需要及身心发展规律

选择体育教学内容时，学生的需要是必须要考虑的。体育教学以促进学生身心发展为目的，所以对体育教学内容进行选择的一个必要的因素就是学生对于体育的需要和兴趣，这对于有效的学习是非常重要的。学习需要学生的主动参与，而主动参与意味着学生自身积极和努力是必不可少的。通常学生如果面对的是感兴趣的事情，那么其参与的动力就会大大增加，学习的效率也将倍增。这非常符合一些教学学习所提出的观点：如果学习是被迫的而不是学生出于兴趣而进行的，那么学习在某种意义上来讲可以说是无效的。调查结果也非常符合这一说法，那就是如今大学生虽然非常喜欢参与课外体育课程，但对于体育课却是兴味索然，这其中最重要的因素就是教学内容缺乏趣味性。

学生对教学内容的接受程度取决于其身心发展规律以及特点，因此从这个角度来说，体育教学内容必须使学生可以接受，并且感兴趣。在进行体育教学内容的选择时，由于学生的特点决定着教学内容当中的各项要素，所以绝对不能忽略学生的实际情况。

3. 社会发展的需要

学生的个体发展无法脱离社会的发展，而体育教学能够在健康方面为学生打下良好的基础，所以在进行体育教学的内容选择时，除了考虑学生本身的需求外，社会现实发展的需求也必须被考虑进去。体育内容在选择方面不能够忽视学生走入社会后发展所必需的体育素质，体育教学内容的选择与社会实际相符是非常重要的。要求其必须能够满足学生在步入社会后发展当中各方面的需要。除此之外，体育教学内容必须做到与社会生活和学生生活联系在一起，这样才能让学生体会到它的作用，使其功能得以实现。

4. 体育教学素材的特性

在进行体育教学内容的选择时，一个重要的要素就是体育教学素材，而它最大的特性就是并没有非常强的内在逻辑关系性，这种特性使得体育教学内容的选择无法完全按照难易程度和学生素质来进行。体育教学内容往往只是以运动项目来进行划分，但各个教材内容之间的关系是平行和并列的，比如篮球和足球、体操和武术。表面上看似有联系，但这种联系并非表现得非常清晰，而且并没有先后顺序，通过一项运动也无法判断能够将其作为另一项的基础。也就是说教学内容内部的规定性和顺序性是无法确定的。

体育教学素材的另一个特性是具有一项多能和多项一能的特点。所谓"一项多能"，就是指通过一个运动项目，能够实现非常多的体育目的，这就是说在这个项目中有着目标多指向性的特点，以健美操为例，有人利用这个项目来锻炼身体，有人利用这个项目进行娱乐，同时这个项目还有表演的作用。在很多情况下，进行健美操运动往往能实现多个功能，这就是说，学生掌握了一项运动之后，就能够实现多种目的。多项一能则突出了体育教学内容之间的相互可替代性。比如从事投掷练习，可以扔沙袋，可以投小垒球，也可以推实心球或铅球。想通过体育运动得到娱乐放松，可以踢足球，可以打排球或者是打篮球、打网球等。这就是说想达到目的并非只能通过一个项目，不同的项目也同样能够做到。正是由于这个特性的存在，使得在体育教学内容中没有无可或缺的项目，也即体育教学内容并不具备强烈的规定性。

体育教学素材还有第三个特性，那就是它拥有庞大的数量。庞大的数量使得其内容相当庞杂，并且在归类上存在一定的难度。自人类文明诞生以来，创造出的体育运动项目数不胜数，丰富多彩，并且每一个运动的技能对于练习者的身体素质也有着各种各样的要求。可以说，没有哪位体育教师能够精通全部的体育项目，基于这个原因体育教师的培养才要求一专多能。而体育课程的设计者也很难寻找到最合理的运动组合运用到体育教学内容当中，同时也几乎不可能编写出适合所有地区和教学条件的教材。

体育教学素材的第四个特性在于在每个运动项目当中，其乐趣的关注点都是各不相同的。以篮球和足球为例，其乐趣就是在激烈的直接对抗中，通过娴熟的技术和精妙的战术配合而得分。再如在隔网类运动当中，其乐趣则是双方队员在各自的场地中通过巧妙的配合，将球击到对方场地而得分。体育运动都有各自乐趣的特性使得体育教学内容的选择上乐趣是无法忽略的内容，这是快乐体育理论存在的事实依据，并且这也是这一理论在体育改革进程中发挥着关键影响的原因。

（二）体育教学内容选择的原则

1. 教育性原则

进行体育教学内容选择的时候，首先应从教育的基本观点对体育教学素材进行选择，分析其是否与教育的原则相符，是否与社会的固有价值观同步。要明确分析它是否有利于学生的身心发展和身体锻炼。

进行体育课程内容的选择，必须与体育课程的主要目标相匹配，确立"健康第一"的指导思想，并以此作为体育教学内容当中最基本的出发点，同时看重其中的文化内涵，使学生在学习体育技能的同时更能深刻体会到体育文化修养带来的益处。学校在对学生进行体育课程教学时应首先考虑对学生的品德、智力、体质等方面的全面发展是否有利，将理论与实际结合起来，在使学生了解人体科学知识的同时真正锻炼身体，还要从思想文化等方面下工夫，使其在两方面同时发展。由于学生的个体差异与不同需求，体育教学内容的选择要充分考虑到不同学段学生的发展特点和规律，以确保每一位学生受益。另外，在进行体育教学内容的选择时，还要符合各个方面的实际来确保选择时有足够的空间和灵活性。

2. 科学性原则

进行体育教学内容的选择时，健身性和兴趣性的确非常重要，但这并不能否定科学性在体育教学内容的选择当中的重要性。体育教学内容选择当中的科学性有以下三层含义。

（1）教学内容的选择必须有利于学生身心的协调共同发展。要注意，一些内容虽然有利于学生身体健康，但却不利于学生的心理健康，反之亦然。因此，教学内容的选择必须做到使学生在开心的体育活动中同时积极促进身体的发展。

（2）教学内容同时也要使得学生能够从根本上对科学锻炼的原理

和方法有一个深入的了解，这种了解可以增加学生从事体育锻炼时的自觉性和积极性。

（3）教学内容本身的科学性。在今后，国家对体育教学内容的选择的限制放开，不做具体的规定，因此必须注意防止一些科学性不够强的体育项目作为教学内容进入课堂。

3. 实效性原则

在未来，体育课程将会成为一门以身体活动为主要手段来对学生健康进行增强的课程。可以从另一个层面理解，那就是所有对学生健康有利的教学内容都是教学内容选择的良好范围，这种形式同时也可以在以后使得体育教学内容的涵盖更加丰富。

实效性，简而言之，就是判断某项体育教学素材是否实用、是否简便易行、是否有助于学生的身心健康。国家相关文件在教学内容的改革方面特别强调要对教学内容当中的"难、繁、偏、旧"以及教学过程中过度偏重书本知识的现状予以改变，在教学内容当中，要求加强学生生活和现代社会及科技发展当中的联系，对学生学习的兴趣加大关注；要求教学内容中的知识和技能要有利于学生终身体育的进行。所以在进行体育教学内容的选择时一定要兼顾选择与学生自身的体育学习兴趣和经验相接近的以及大众喜欢的、社会上比较普及的项目，同时强调运动项目的健身娱乐效果，奠定学生终身体育的发展基础。

4. 趣味性原则

兴趣是帮助一个人学习的最好的老师，因此在进行体育教学内容的选择时，根据学生的各方面特征尽量选择他们感兴趣的、有趣味的、并且在社会上比较流行的体育素材作为教学内容。毫无疑问，大多数竞技运动项目的健身价值和教育价值是不可低估的，但是，长期以来，体育教育工作者往往更加关注竞技运动项目教学的系统性和完整性，用培养运动员的方法进行体育教学，但却背道而驰，导致很多学生开始厌恶体育课。

5. 民族性与世界性相结合的原则

体育课程内容的选择要在保留我国民族传统体育当中的精华部分的同时，对国外好的课程内容选择的设置加以借鉴吸收。不能对自己民族的东西盲目自信，但同时更不能有崇洋媚外的思想。体育教学内容的选择应该与时俱进，体现当今时代中国的特色。

（三）体育教学内容选择的过程

1. 认真审视体育素材

体育教学内容的选择在关注社会时，要从社会的生产生活、教育、科学等的发展的实际出发，充分考虑社会的发展对人的要求和影响，尤其是社会发展对人类健康的要求和影响，并以此为基点，分析和评价现有的体育素材。现有体育素材的分析和评估主要涉及这些内容是否对学生进行锻炼、增进健康以及培养良好的思想品质有利。在这一过程中，还要注意剔除对与教育要求不相符，也不利于学生的身心健康的素材。

2. 充分整合体育运动

不同的体育运动项目和身体锻炼形式，会对学生的身心产生不一样的作用和影响。因此，在选择体育教学内容时，在以学校体育教学目标为根据的前提下，要认真分析各个体育运动项目是如何促进学生身体功能的不同方面发展的。然后将各个体育运动项目与身体练习进行整理与合并，作为形成体育教学内容的基本素材。

3. 选择有效的运动项目

体育运动项目与身体练习所具有的多功能性与多指向性特点决定了它们具有很明显的可替代性。由于大多数体育运动项目都可以成为学校体育教学内容的基本素材，因此学校体育教学内容在运动项目方面具有较强的选择性。但是由于学校体育教学时间有限，不可能在学校体育教学内容中选入过多的体育运动项目与身体练习。所以在选择时，还应依据社会的条件与需求，对不同年龄段学生的身心发展特点和兴趣爱好进行充分的考虑，从中选出一些常见的体育运动项目和较为典型的身体练习运动作为学校的体育教学内容。

4. 可行性分析

由于受到地域和气候条件的影响，可以在某个地方实施的体育教学内容，不一定适合在其他地区进行。而且，要想使体育运动得以顺利实施，还需要有一定的器材、场地来给予保证，这就使得可以在某一个学校开展的课程内容，不一定能够在其他学校开展。因此，在选择体育教学内容时，一定要对场地、器材的可能性进行充分的考虑。选择同样的课程内容时，一定要为各地、各校选择和实施体育教学内容留下足够的余地，并要保证各地、各校执行的弹性。

选择体育教学内容是教师在进行体育教学设计时，面临的最为棘手的问题之一。而教师所选体育教学内容的合理性也将直接对教师体育教学设计的科学性产生影响，进而影响整个学校体育教学的效果。在以往的体育教学内容选择过程中，往往是直接将体育运动中的运动项目移植到体育教学内容中，或者简单地根据与学校体育教学目标对应的要求选择相应内容，这样是非常不科学的。

# 第四节　高校生态体育的开发

## 一　生态体育的内涵

对于"生态体育"的产生可以一直追溯到古代的"天人合一"古朴思想，它的产生与当时体育运动过程中所产生的有关人与人、人与自然、人与社会以及体育与环境之间的矛盾有着直接的关系。

在徐传宝看来，所谓的"生态体育"是指通过对周围各种环境的利用，人们进行的各种形式的体育健身活动，如滑雪、漂流、登山、定向运动、溜冰、野营、攀岩等。

对于"生态体育"，胡晓明认为是在自然的环境之中，通过采用自然的活动方式，根据生物的生长发育规律开展的一系列身体活动。

许耀增对"生态体育"的理解是在自然环境之中，根据生物的生长发育规律，以自然的活动方式来开展的一系列的身体活动。

章家恩对于"生态体育"内涵的理解是在社会环境和自然生态环境中开展的有利于人的身心健康且对生态环境损害最小的体育运动。

就"生态体育"的概念，郑晓祥认为是在人类、体育、环境三者之间共生共融、相互协调、共同发展的基础之上所建立起来的联系或关系的活动。

尹雨嘉认为通过利用生态学理念和生态学手段来研究体育领域中的问题，即"生态体育"。其主要包括社会生态环境和自然生态环境对体育的共同作用及相互影响。

对于"生态体育"的理解，谢香道和徐斌的观点是通过对各种自然因素的合理利用，来进行组织和开展的各种不拘于形式、适量的体育锻炼活动，如我国传统体育中的武术、气功、太极拳等，以及目前较为流行的登山、滑雪、帆板、攀岩、山地自行车等。

通过上述我国专家、学者对"生态体育"内涵的认识，不难发现，他们的观点有着共同之处，即生态体育具有自然性、科学性、社会性、娱乐性、人文性等特征。生态学原理被广泛应用于人类的行为研究中，因此生态体育除了要包含自然生态环境之外，还要包含社会人文生态环境。

综上所述，我们可以将"生态体育"界定为：从对自然和生态环境的爱护和保护的角度出发，正确地处理好人类、体育、环境三者之间的关系，以使人们能够在良好的自然环境和社会环境下进行体育活动，促进身体的全面发展，同时将这种"生态文化"保持发展下去，从而使体育运动得到可持续性发展。

## 二　高校生态体育的开发途径

### （一）组织建立高校"生态体育"资源开发机构

组织建立起来的高校"生态体育"资源开发机构要积极吸引社会各界广泛参与，并建立起具有调控、咨询与决策的组织和管理机构，对资源开发要执行相应的科学、合理的计划，同时还要对生态体育资源的利用与开发计划做出及时的调整和评价，从而制定出与生态体育教育发展相符合的有效、合理的开发生态体育资源的建议和方案。要对人类、社会、自然三者之间的相互关系进行正确的处理，以此来保证开发和利用高校生态体育资源的科学性和合理性。

（二）对高校原有的生态体育资源进行充分的整合与利用

根据目前我国各高校的具体情况来看，高校体育运动设施要么都是一些科技含量较高的现代化运动设备，要么就依然保留着原汁原味的老旧场地，在这样的环境中进行体育锻炼要么自身的安全无法得到有效的保障，要么在运动中人体会因各种污染而遭受一定程度的损害，如塑胶场地会散发出有毒气体，沙土场地会尘土飞扬等。

在上述情况下，通过合理地整合高校体育资源，进行充分的利用，如进行绿化等，可以在学校各个边缘地带的绿化区域内修建一些健身路径，添置一些简单的健身器材，如单双杠、各种类型的座椅、棋盘、云梯等，这样做既可以充分地整合和利用高校原有的资源，同时也能够对高校校园的生态环境起到绿化作用，目前这是对高校"生态环境"资源进行开发的最优路径。

（三）对高校周围的生态体育资源进行合理的寻找与利用

在高校体育教学中，传统的体育教学从来都没有走出过校园，而是仅仅将校园内的体育馆或操场作为固定的教学场所。将体育教学的场所从校园内转移到自然环境中是生态体育的主要特征之一，但是在高校校园中并没有足够多的自然场所来进行相关的生态体育教学，或是组织与开展完善的生态体育课堂。不过，在高校的周围却有着非常丰富的适合开展生态体育的运动场所，如社区的锻炼广场、附近的公园、滨海学校周围的海边沙滩、学校周围的森林与小山等，这些都是开展生态体育非常好的资源。因此，要对高校周围的生态体育资源进行积极地寻找，并加以合理利用。

（四）对民族传统体育文化资源进行充分的挖掘与整合

虽然游艺竞技活动在民间十分流行且有着非常顽强的生命力，但必须要经过一定的创造性转化，才能将其纳入高校生态体育教育之中，这就涉及与民族体育现代化有关的问题。从某种角度来看，将传统体育中的一些项目引入奥运会之中，如日本柔道和韩国跆拳道，这是对民族文化的一种高度宣传。但对于高校体育来说，对其进行创造性的转化并不是要改变当地的体育竞技理论，而是要根据高校的"生态体育"的具体要求来进行创造性的改变，使之为高校"生态体育"教学所利用，对其内在的精神进行保留，对其外形进行改变。此外，也不能完全抛弃竞技因素，而是要重视和发扬深受儒家思想影响的"礼挣"精神，做到有和谐，也有对抗；有竞争，也有合作。总的来说，这种转化要与现代社会发展对高校体育教育的要求相符合，顺应时代的发展潮流，使之更好地为高校"生态体育"服务。此外，还要将西方体育思想融入我国的民族传统体育活动之中，从而创造出既具有民族特色，同时又具有时代感的体育活动，如出现在潍坊风筝节中的风筝冲浪。

# 第五章

# 高校体育教学设计研究

高校体育教学设计是教学活动开展的一种科学性研究和指导计划，对于高校体育教学的顺利开展具有重要的指导作用。本章主要对高校体育教学设计进行重点研究，重点分析高校体育教学设计的基本理念，并对体育教学设计的改进、体育教学设计的评价进行重点研究，同时结合现阶段新的课程改革，对体育教学的设计及发展进行分析。

## 第一节　体育教学设计基本理论

### 一　体育教学设计的概念

体育教学设计是教学执行者和参与者为提高教学质量在教学活动中采取的具体的教学活动方案。

从整个教学系统来讲，体育教学设计在指导思想、基本思路、基本程序上与其他课程教学设计是一脉相承的。但是，在设计具体操作方案时，我们要根据体育教学自身的特点，充分考虑学生身体和心理发展的基础和相互关系，结合体育教学的环境和条件、教学现状分析，对未来体育教学过程中可能出现的一系列问题进行预测，对未来师生活动进行规划、准备，从而制订相应的计划方案。[①]

①　杨雪芹、刘定一：《体育教学设计》，广西师范大学出版社2008年版，第28—29页。

在现代高校体育教学中，科学的体育教学设计有利于促使体育教学理论与教学实践的有机结合，能为教师提供科学合理的体育教学设计的方法。同时，有助于教师发现体育教学中的各种问题，积极思考和探索解决问题的办法和思路，使教学设计方案更具有实效性。并有助于促进体育教学工作的科学化，促使教师的教学从经验型向科学型转变，从而提高体育教师的专业化素质。此外，科学的体育教学设计还是显著提高体育教学效率和教学效果的有效手段之一。

## 二　体育教学设计的特点

体育教学设计具有鲜明的特点，具体表现在超前性、差距性和创造性三个方面。

### （一）超前性

体育教学设计是在进行体育教学之前，事先对体育教学所做出的一种安排或策划，即体育教学设计在前，体育教学在后，所以说体育教学设计具有一定的超前性。例如，体育教师在上一堂体育课之前，必须设计出这堂课的教学方案。

从本质上讲，体育教学设计只是体育教学活动的一种设想和预测，它对体育教学活动中的一切要素进行构想，并提出解决问题的方案，它是体育教师在进行体育教学之前对体育教学所做的安排或策划。具体来说，体育教学设计是对即将进行的体育教学中可能产生的问题进行分析，是根据体育教育、教学理论和学生的学习需求，针对可能发生的问题提出解决方法的一种设想。

### （二）差距性

体育教学设计是在体育与健康课程理念和体育学习需要指导下所形成的一种实施方案。在方案实施过程中会出现许多难以预测的情况。这是因为，体育教学设计者对体育教学中可能出现的问题的理解、对现有条件的分析、所采取的解决问题的方法等都具有一定的差异性。

体育教学设计的差距性特点，使得体育教师在教学过程中要时刻根据具体的教学情况调整教学方案，以适应不断变化的教学要求，这主要表现在以下两个方面：一方面，体育教学设计是以体育与健康课程理念为基础，以学生的体育学习需要为基础，对体育教学实践活动具有重要的指导意义；另一方面，体育教学过程具有一定的复杂性和多变性，体育教师在体育教学设计中不可能完全考虑周全，体育教学设计者设计出的教学方案不能全面概括教学实践，不能完全解决实际教学中存在的各种问题。

（三）创造性

体育教学设计的过程是一个解决教学问题的过程，更是一个创造性过程。体育教学目标的多元化、体育教材的多功能性、体育教学方法的多样化等决定了体育教学过程具有复杂性和不确定性的特点。因此，体育教师在教学活动之前完全按照教学计划开展活动是不现实的。体育教学设计必须要有一定的创造性，只有这样，才有可能充分解决教学中存在的问题。

作为体育教学的一种特质，体育教学过程的变化性为体育教学设计提供了创造性的开放空间。因此，体育教学过程就是发展学生创造能力和培养教师创新精神的过程。

体育教学设计的创造性对体育教师的专业能力和专业素质提出了较高的要求，要求体育教师能够创造性地解决体育教学活动中出现的问题，对培养和提高学生的创新意识和创新能力具有重要的意义。体育教师要具备一定的创新性和创造能力，必须打好以下基础：第一，必须要具备扎实而丰富的文化基础知识；第二，必须具备出色的专业技术知识和能力；第三，必须具备创造性的思维和想象力，只有这样才能创造出多元、科学、有效的体育教学方案。创造力是体育教师教学执行力的重要组成部分。

## 三　体育教学设计的指导理论

体育教学设计是一个多变的、富有创造性的复杂过程，进行教学设计之前，体育教师必须掌握必要的理论知识，以科学指导体育教学设计过程，设计出的教学方案才具有一定的科学性和可靠性。在各种不同的学科分类中，与体育教学设计相关的理论有很多，体育教学设计的要素和方法都要建立在这些理论基础之上，具体来说，主要包括以下几种理论。

（一）系统理论

1. 系统理论概述

"统"是元素及其关系的总和。贝塔朗菲（L. V. Bertalanffy）是系统论的创始人，他认为系统是"相互作用的诸要素的复合体"。整个人类社会和自然万物的活动都是以系统的形式存在的，只是系统的大小不同，构成层次不同，内容和形式也不同。

系统是不断发展变化的，这主要受其构成要素的发展变化的影响，系统可大可小，由若干子系统构成，而构成系统要满足以下三个基本条件。

（1）系统要素：系统包括诸多元素。这些元素之间存在着一定的联系，相互依存，相互制约，共同促进着系统的发展。

（2）系统结构：系统具有一定的结构。系统之所以成为系统，是因为构成系统的各元素之间存在着一定的相互联系，元素之间没有联系，不能构成系统。

（3）系统环境：任何系统都必然存在于一定的环境中。系统是存在于一定的环境之中的，二者相互作用、相互影响，可以说没有环境就没有系统。

2. 系统理论的体育教学设计指导

系统理论为体育教学设计提供了重要的系统分析的方法，可以帮助体育教师从整体上把握体育教学设计的方法、程序、步骤等，使其设计出的体育教学方案科学合理。根据系统论，可以将体育教学系统划分为以下几个子系统。

（1）教学组织者。教师是教学活动的主体，是体育教学活动的组织者和引导者。就教师队伍而言，有带头人、骨干和助手等要素，又有老年、中年和青年等要素；就教师个体来讲，包含体育知识、运用体育方法、运用教学媒体以及主观努力程度等要素。

（2）教学对象。学生是体育教学的对象，是体育教学活动的主体，没有了这一主体，体育教学活动也无从开展。

（3）教学内容。教学内容，即教材，它决定着体育教师教什么和学生学什么，具体包含了教授体育与健康知识、教授体育与健康技能、发展学生智力、提高学生社会适应能力、培养学生体育情感等要素。

（4）教学方法与手段。教学方法与手段是指教师和学生为达到体育教学目的和完成教学任务，所采取的各种方式和手段。教学方法的合理运用对教学过程的顺利开展以及良好体育教学效果的取得具有重要的影响作用。

（5）教学媒体。教学媒体是体育教学的辅助性物质基础设施，它主要包含语言、文字、动作示范等视觉要素和记录、储存、再现符号的实体要素，如图片、模型、电视、电影、录像、电脑模拟等，它们都属于教学媒体的范畴。

体育教学设计是一项长期复杂的工作，是一种不断趋向完美的循环过程，是一个系统的工程，是在设计—实施—反馈—修改设计这样一种循环往复的过程中进行的。① 体育教学系统的各个子系统之间相互影响，它们都在体育教学目标的支配下共同发生作用，缺一不可。这些系统之间是紧密联系在一起的，构成整个体育教学系统。

（二）学习理论

1. 学习理论概述

学习理论研究的对象是人类学习的本质及其形成机制，属于心理学理论的范畴。学习理论强调的学习泛指有机体因经验而发生的行为变化。

现代学习理论主要有三大学派，即行为主义学派、认知主义学派和人本主义学派。这三种学派对学习的性质都有不同的见解。行为主

---

① 邓凤莲：《体育教学设计系统观和设计程序研究》，《体育教学》2011 年第 11 期。

义心理学家认为学习是"由经验引起的行为相对持久的变化";主张通过强化和模仿形成和改变行为;认知主义学派强调学习是认知结构的建立与组织的过程,重视整体性和发展式学习;人本主义者认为学习应"以学习者为中心",重视学生潜力的发掘和自学能力的发展,三种学派的理论主张各有利弊。

就当前我国高校体育教学现状来讲,现代学习理论对体育教学实践活动的影响主要体现在三个方面:首先,学习理论为研究者从事体育教学研究提供了基本的途径和方法;其次,学习理论归纳了大量的有关学习法则的知识,为学生更好地参加体育教学提供了保障;最后,学习理论重视对学生学习的发生和发展过程的分析和解释,阐述了学生学习效果参差不齐的原因。

2. 学习理论对体育教学设计的指导

学生是体育教学活动的主体,体育教学设计必须尊重学生、重视学生、关爱学生。这就是现代学习理论对体育教学设计的重要启发。

根据学习理论的核心观点和主张,体育教学设计应根据学生的体育学习需要,确定体育教学的目标、教学策略、实施方案等,充分发挥体育教学的教育功能,提高教学质量,增强学生体质。结合学习理论的三大学派的理论认知,不同学派对高校体育教学设计支持的具体内容如下。

(1) 行为主义学派:斯金纳的程序教学理论是行为主义学派学习理论中的代表,该理论从探讨程序学习的主要方式,发展到重视对学生作业的分析、对教材逻辑顺序的研究以及对学生行为目标的分析,然后考虑整体教学过程中更为复杂的因素,设计最优教学策略,并在教学措施实施之后做出相应的评价,使程序设计更有逻辑性,更具科学性。

(2) 认知主义学派:认知主义学派的学习理论认识对体育教学设计的指导作用主要体现在以下两个方面:一方面,在体育教学设计中,要求教师充分重视学生的主体作用,充分考虑体育教材内容的知识、技能结构;另一方面,要求体育教师做好体育教学设计模式、方法、手段的选择，帮助学生顺利地完成对新知识和技能的同化和认知结构的重新构建，提高学生学习的积极性，提高运动水平。

（3）人本主义学派：人本主义学派理论主张教师应"以学生为中心"展开教学活动，即在教学活动中充分挖掘学生的潜能，促进学生的进一步发展。

虽然学习理论的不同学派各有研究重点和理论方向，但就教师而言，只要能结合具体的体育教学实践选择适合自己的理论，结合自身的具体实际合理选择体育教学的手段和方法等，就能不断提高自身的素质和水平，同时实现体育教学效果的不断优化。

（三）教学理论

1. 教学理论概述

教学理论是研究教学本质和一般规律的科学。它通过规律性的认识来确定优化学习的各种教学条件与方法，要解决的核心问题是教师的教和学生的学。

教学理论由来已久，且国内外均有不同程度和层次的成就。在我国，古代孔孟儒家教学思想以及近现代时期蔡元培、陶行知等倡导教学要重视发展儿童的个性、发挥儿童主观能动性的教育思想都是比较实用的教学理论。在国外，萌芽时期苏格拉底、柏拉图等人提出问答、对话、模仿、练习等教学方法；近代形成期，捷克教育家夸美纽斯提出的"大教学论"，法国卢梭提出观察法、游戏法；美国杜威主张"儿童中心"和五步教学法等都是影响力较大的教学理论。古今中外的教学理论的研究内容和发展历程不同，但总的来说，其研究对象和范畴主要包括以下五个方面。

（1）教学本质。解释教学过程的影响因素、组成结构及规律。

（2）教学价值、教学目的和教学目标。探讨教学目的、教学目的的制定依据以及与教学活动的关系。

（3）教学内容。仔细分析教师、学生与教学内容的关系，科学选择、调整和合理编排教学内容。

（4）教学模式、教学原则和教学组织形式。重点研究教学的手段和方法。

（5）教学评价。主要包括教学评价的标准、要求、手段和反馈。

2. 教学理论对体育教学设计的指导

教学理论是体育教学设计的重要指导思想之一，体育教学设计是教学理论与教学实践之间的一座桥梁，体育教学设计在系统过程中为教学理论应用于实践创造了良好的基础。具体来讲，在教学理论的指导下，体育教学设计者通过对教学理论研究的对象和范畴等的认识及其相互之间的关系分析，以教学理论为基础，结合教学设计中的各项要素，如体育教学指导思想、体育教学目标、体育教学方法等设计出教学方案，最终完成科学的体育教学设计。

（四）传播学理论

1. 传播理论概述

传播就是信息的传递。著名传播学学者威尔伯·施拉姆指出，信号的传播和接收模式包括信息发送者、信号、信息通道、信息接收者四个要素。信息的传播需要经历以下三个阶段。首先，信息发送者通过各种媒体，使用各种方式发送信息；其次，信息接收者对信息发送者发送的信息进行编码（按自己的理解为其附加一定的意义）；最后，被编码后的信息通过信息传播通道再传播出去。

要想正确地认识和理解传播理论，需要认清以下几点。

（1）在一个完整的传播过程中，有效的传播不仅是发送信息，还要通过反馈途径从接收者那里获取反馈信息，以便确认发出去的信息是否得到了正确的反馈。

（2）在传播过程中，信号的形式和结构影响着信息的接收。通常情况下，接收者控制信号的程度越高，传播的效果越好。

（3）传播主要有个人间传播、小组间传播、机构间传播和大众传播四种形式。这几种传播形式各有特点、优势和弊端。

2. 传播理论对体育教学设计的支持

传播理论的基本思想和观点对现代体育教学中教学媒体的分析和选择具有重要的启示。科学选择教学媒体对学生理解教学信息，提高教学质量具有重要的意义。根据传播学理论，体育教学过程也是一个信息传播的过程。因此传播学理论也能为体育教学设计者设计体育教学方案提供一定的理论支持。

具体来说，传播理论对体育教学设计者的指导主要表现在以下两个方面。

（1）体育教学过程的要素分析。在传播学理论的发展过程中，不同的学者对传播过程、模式、要素等进行了深入的分析，不断提出新的研究成果，也在一定程度上影响和促进着体育教学的研究与发展。

1948 年，美国政治家哈罗德·拉斯韦尔于提出大众传播的"5W"公式。该公式清晰地描述了大众传播过程中的五个要素和直线式的传播模式，这对解决体育教学设计中的各种问题提供了一定的解决办法，对高校体育教学设计具有重要的指导作用（见表 5-1）。

表 5-1　　5W 传播过程模型与高校体育教学传播过程的要素分析

| 5W | 含义 | 传播要素 | 高校体育传播过程涉及的要素 |
|---|---|---|---|
| 谁 | Who | 传播者 | 高校体育教师或其他教学信息源 |
| 说什么 | Says What | 讯息 | 高校体育教学内容 |
| 通过什么渠道 | In Which Channel | 媒体 | 高校体育教学媒体 |
| 对谁 | To Whom | 受体 | 高校体育教学对象 |
| 产生什么效果 | With What Effect | 效果 | 高校体育教学效果 |

1958 年，爱德华·布雷多克提出了新的传播模式，即"7W"模型，该模式同样适用于分析现代高校体育教学传播过程（见表 5-2）。它为体育教学设计提供了重要的思路。

表 5-2　　　　7W 传播过程模型与高校体育教学传播过程的要素分析

| 7W | 含义 | 传播要素 | 高校体育教学传播过程涉及的要素 |
|---|---|---|---|
| 谁 | Who | 传播者 | 高校体育教师或其他教学信息源 |
| 说什么 | Says What | 讯息 | 高校体育教学内容 |
| 通过什么渠道 | In Which Channel | 媒体 | 高校体育教学媒体 |
| 对谁 | To Whom | 受体 | 高校体育教学对象 |

续表

| 7W | 含义 | 传播要素 | 高校体育教学传播过程涉及的要素 |
| --- | --- | --- | --- |
| 产生什么效果 | With What Effect | 效果 | 高校体育教学效果 |
| 为什么 | Why | 目的 | 高校体育教学目的 |
| 在什么情况下 | Where | 环境 | 高校体育教学环境 |

（2）体育教学过程的双向性。信息的传播不是单项的，是信息传出者和信息接收者的双向互动过程，这主要得益于反馈机制的存在，因此传播过程能不断循环进行。根据学者奥斯古德和施拉姆所提出的奥斯古德—施拉姆传播模式强调传播者和受传者都是积极的传播主体（见图5-1），可以认为，体育教学信息的传播也具有双向性和互动性的特点，具体是通过教师和学生双方的传播行为来实现的，因此，高校体育教学过程的设计必须重视"教"与"学"两个方面，要求高校教学设计者充分利用反馈信息，随时控制和调整体育教学过程中的"教"与"学"。

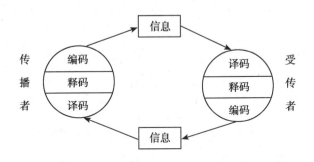

图5-1　奥斯古德—斯拉姆传播模式

3. 传播过程要素构成体育教学设计过程

一个完整的传播过程，包括传播内容、受众、媒体、效果等因素，对这些要素进行分析，是体育教师做好体育教学评价的基础。在传播学理论中，传播过程要素与体育教学设计过程要素之间的对应关系具体见表5-3。

表 5 - 3　　　　传播过程要素与高校体育教学设计过程要素的对应

| 传播过程要素 | 高校体育教学设计过程要素 |
|---|---|
| 为了什么目的 | 学校体育学习需要分析 |
| 传递什么内容 | 学校体育学习内容分析 |
| 由谁传递 | 学校体育教师、教学资源的可行性 |
| 向谁传递 | 教学对象（学生）分析 |
| 如何传递 | 学校体育教学策略选择 |
| 在哪里传递 | 学校体育教学环境分析 |
| 传递效果如何 | 学校体育教学评价 |

## 四　体育教学设计的基本原则

### （一）目标导向性原则

目标导向性原则是指体育教学设计必须紧扣体育教学目标，所有教学环节的设计都以目标为导向，体育教学设计方案要保证实施过程的教学行为与目标保持一致。

体育教学目标由体育与健康课程目标所决定。体育教学的目的就是帮助学生从起始状态达到目标状态。因此，体育教学设计的每一个环节、每一个步骤都要考虑对教学目标的实现的功能和作用效果。体育教学设计就是一个通过解决问题以实现体育教学目标的准备过程。

### （二）整体优化原则

整体优化原则是指在进行体育教学设计时，要在对体育教学过程各个因素优化设计的基础上，处理好体育教学系统内部各子系统之间的关系，将各因素加以科学地整合，充分地发挥体育教学的整体功能，以达到最优化的教学效果。

体育教师在体育教学设计的过程中要把握好整体优化原则，将体育教学系统的每一个要素、环节等都置于系统的整体设计之中，从而设计出最优的体育教学方案。

### （三）可操作性原则

可操作性原则要求体育教学设计方案实用、高效。体育教学设计只有具备了可操作性的特点，才能更好地提高体育教学的效率。

体育教师在制订体育教学设计方案时要把握好可操作性的原则，不能生搬硬套教科书上的案例和模式，要认真分析具体的教学背景和实际，制定出切合自己学校及班级特点的教学目标，内容安排应与现有教学条件相适应。

（四）系统性原则

系统性原则是指体育教学设计的整个过程要贯彻系统论的思想，使其成为一个有机统一的整体。具体来说，在体育教学设计的过程中，体育教师要学会用系统的理论分析问题，从整体的角度出发，对体育课堂活动中的各要素进行分析，制订出各种体育教学的方案，加以比较，从中选出最优方案指导教学实践。

（五）灵活性原则

灵活性原则要求体育教学设计符合体育教学的发展，灵活多变。体育教师遵循灵活性的教学设计的原则，有以下三方面的原因：首先，体育教学活动受外界环境的影响较大，如场地、季节、气候等，体育教学设计要根据实际情况做出适当的调整；其次，体育教学过程中师生、学生之间人际交往复杂，角色不断发生变化；最后，在体育教学活动中，学生的身体、心理是在不断发展和变化的，体育教学设计方案也应根据实际情况做出适当的调整。

（六）趣味性原则

体育教学过程的趣味性要求体育教学设计必须体现出趣味性。体育教学过程中，影响学生学习的因素不仅指智力因素，还指非智力因素，如动机、兴趣、情感和态度等。同时，体育教学内容大多起源于各种游戏。因此，体育教师在进行体育教学设计时，要把握好趣味性的原则，具体做好以下工作：首先，体育教师应充分了解学生的兴趣，根据学生的不同兴趣及要求，合理安排体育教学的内容。其次，体育教学方案要包含创新的教学手段和方法，对一些枯燥和技能性较强的内容通过适当的加工、改造以满足学生的需要。最后，体育教师要认真分析体育教学内容的特性，教学方案设计要适合学生身体和技能情况。

（七）简明性原则

简明性原则是指体育教学设计过程与方法应该是简便易行的。很多人认为教学设计是一项非常复杂的教学技术，使用起来也不方便，一线体育教师没有能力与精力顺利完成教学设计。实质上，教学设计重要的作用之一就是提高教学的效率与效果。因此，体育课堂教学设计是一项指导教师教学的简明技术、手段，它不应该给教师增加额外的负担，教师们易于掌握，使用起来简单明了，有利于学校体育教学工作指导的实现。

（八）创新性原则

创新性原则是指在体育教学设计中体育教学理念、体育教学内容、体育教学方法和策略等方面对常规或传统体育教学有所突破或超越。体育教学设计的创新不仅能够有效地挖掘教学资源和提高教学效率，从而实现体育教学的低耗高效，而且能够为学生创新意识和创造能力的发展营造氛围、设计空间。

体育教学设计的创新性原则要求体育教师必须具备一定的创新性思维，这样才能设计出新颖的体育教学方案。

## 五　体育教学设计的具体过程

（一）体育教学目标的设计

体育教学目标的设计是体育教学设计的重要环节，其他的体育教学设计环节都要围绕它来进行。体育教学目标的设计步骤具体如下。

第一步：分析教学对象。分析体育教学对象即分析体育学习者的学习需要、一般特点、起始能力和学习风格等。它是找出体育教学中出现的问题及解决办法，确定学习者现状和目标之间差距的重要环节。同时，体育学习者的一般特点、学习风格和体育与健康知识、技能起点也制约着体育教学目标的实现。

第二步：分析教材内容。分析体育教材内容的目的在于确定体育教材内容的特点、功能、范围和深度以及找出选择体育教材内容的依据等，使体育教材内容更好地为实现体育教学的目标服务。

第三步：编写教学目标。一个完整的、明确的体育教学目标应包括教学对象、学生的体育行为、确定行为的条件及程度四个部分。这四部分适用于认知、动作技能、情感领域体育教学目标的编写。

通过体育教学目标的设计，能够使学生明确要学习的内容和应该达到的水平，这样便于学习者互评和自评，找出与教学目标的差距，从而增强自我调控能力和学习能力。

（二）体育教学策略的设计

探究学习教学策略的设计是以学为主教学设计的核心内容之一。体育教学策略设计步骤具体如下。

第一步：设计体育教学组织形式。设计的内容主要包括：体育课堂常规的设计；教学场地与器材的布置；队伍、队形的安排与调动；集体教学、分组教学或个别教学形式的选择。体育教学组织形式是实施体育教学活动的关键所在，科学合理的教学组织形式将对体育教学效果产生重要的影响。

第二步：设计体育教学手段。首先，结合实际情况分析通过哪些体育教学手段可以达成体育教学目标。其次，分析体育教学内容借助于何种体育教学手段，才能完成体育教学任务。再次，根据体育教学的对象合理选择和设计教学手段。在选用和设计体育教学手段时，必须顾及教学对象的年龄特征。此外，还要考虑学生的兴趣、习惯及发展需要等因素。最后，针对学校体育教学实际选择和创造教学手段。在体育教学中设计和选用教学手段时，不能脱离教学实际，应符合体育教学设计的基本原则。

第三步：设计体育教学方法。首先，分析体育教材内容以及体育教学媒介，清楚达到目标的手段有哪些。其次，了解相关的体育教育教学规律。主要包括：体育学科的特点，学生的身心发展特征，体育教学的生理学基础、心理学基础、运动学基础和社会学基础等。最后，按照一定的程序来设计科学、合理、有效的体育教学方法。

（三）体育教学过程的设计

体育教学过程设计就是按照现代系统论的观点，把体育教学各环节的设计进行优化组合，它为最佳体育教学完整方案提供了思路。体育教学设计对教学过程的表述是采用类似于计算机流程图的形式进行的。

采用流程图方式可以直观地展示整个体育课堂活动中各个要素之间的关系、比重；教师可以根据学习者的不同反应做出相应的教学处理，灵活性大，目的性强；能直观、简明地表现整个体育教学过程。

# 第二节　体育教学设计的背景分析

## 一　体育学习需要的分析

（一）分析方法

针对体育学习需要的分析主要有两种方法，即内部参照分析法和外部参照分析法。具体如下。

1. 内部参照分析法

内部参照分析法是将制定的体育教学目标与学生体育学习现状做比较，进而从中找出差距的一种分析方法。

2. 外部参照分析法

外部参照分析法是以社会对学生的期望值为标准来衡量学生的学习现状，进而找出差距的一种方法。

在具体的体育教学活动中，包括体育教师在内的体育教学设计者可以结合具体的实际情况合理选择其中一种进行分析。

（二）分析步骤

现代高校体育教学中，对大学生体育学习需要的分析需要按照以下两个步骤进行。

第一步：确定体育教学期望。教学期望即教学目标，需要教学设计者根据体育教学的目标和体育课的类型来确定。

第二步：确定体育学习现状。体育学习现状主要是指学生掌握的知识、技能、学习态度、技术水平等。学生学习现状的分析可通过观察、测量、评价等方法来确定。

## 二　体育学习任务的分析

在高校体育教学中，通过对大学生体育学习任务的分析，能很好地帮助体育教学设计者分析体育教学的任务，进而更好地制订教学计划。

（一）分析方法

当前，针对大学生体育学习任务分析的方法有很多，其中主要有归类分析法、层级分析法、信息加工分析法等。具体如下。

1. 归类分析法

归类分析法是将与体育教学目标有关的教学内容进行科学的分类，以便于形成有意义的知识结构的方法。该方法能很好地帮助体育教师分析体育学习任务。在体育教学活动中，归类分析法适合于陈述性知识的学习任务分析。

以武术基本功的教学为例（如图5-2），体育教师可以先把学生应学习的所有体育事实、概念、原理等分别列举出来，然后分层次地组织和安排教学内容，并结合教学实际进行调整和修正。

**武术基本功练习**

| 上肢练习 | 下肢练习 | 腰部练习 | 跳跃练习 | 平衡练习 |
|---|---|---|---|---|
| ↓ | ↓ | ↓ | ↓ | ↓ |
| 手型 | 步型 | 甩腰 | 大跃步前穿 | 提膝平衡 |
| 手法 | 步法 | 涮腰 | 腾空飞脚 | 探海平衡 |
| 压肩 | 压腿 | 下腰 | 旋风脚 | 燕式平衡 |
| 抡臂 | 踢腿 | 翻腰 | 腾空摆莲 | 望月平衡 |

**图5-2　归类分析法在武术基本功教学中的运用**

2. 层级分析法

层级分析法是将不同层次的从属体育知识和技能进行分析，使之分别符合体育教学目标的完成的方法。该方法能很好地帮助体育教师明确体育学习的内容，主要适用于智慧技能和动作技能的学习任务分析。

以篮球运动的行进间运球三步上篮教学为例（如图 5-3），教师应充分考虑到学生完成行进间运球三步上篮的从属能力，再对从属能力应具备的下一级能力进行分析，层层递进，直到分析出学生的起点能力，然后从起点能力开始组织教学。

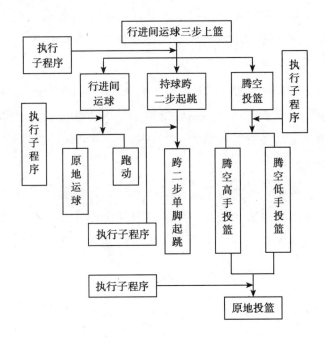

**图 5-3   层级分析法在篮球三步上篮教学中的运用**

3. 信息加工分析法

信息加工分析法对体育教师综合水平的要求较高，一般很少采用，但如果运用得当，能取得良好的教学效果。在具体的体育教学活动中，信息加工分析法适用于技能和态度类学习任务的分析。

（二）分析步骤

一般来说，对体育学习者学习任务的分析可以通过以下三个步骤进行。

第一步：确定学生的起点能力。体育教师在确定体育教学目标后，还要认真分析学生的起点能力，以免出现任何不良状况。如果发现学生存在着学习态度和知识、技能等问题，应及时调整教学进度、方法等，将体育教学纳入正确的轨道。

第二步：分析使能目标。学生从起点能力到终点能力（完成学习任务）的过程中需要掌握多项知识和技能（子技能），以基础知识和技能掌握为目标的教学目标被称为使能目标。在体育教学活动中，每一个下级水平的具体教学目标都是更高一级的教学目标的使能目标；每一个学期、单元、学时的体育教学目标都是其上层体育教学目标的使能目标。明确使能目标有助于体育教师更好地组织教学活动，保证教学的效果。

第三步：分析学习任务完成的条件。学生完成体育学习任务除了需要必要条件（使能目标）外，还需要一些支持性条件（见表5－4），体育教师在进行体育教学设计时要将这两个方面的条件因素考虑在内，以使教学方案符合教学实际和学生特点。

表5－4　　　教学过程中五类学习任务的必要条件和支持性条件

| 学习任务类型 | 必要条件 | 支持性条件 |
| --- | --- | --- |
| 智慧技能 | 简单的智慧技能（规则、概念等） | 态度；认知策略；言语信息 |
| 认知策略 | 具体的智慧技能 | 智慧技能；言语信息；态度 |
| 言语信息 | 有意义组织的一系列信息 | 言语技能；认知策略；态度 |
| 态度 | 智慧技能；言语信息 | 其他态度；言语信息 |
| 动作技能 | 部分技能；程序性规则 | 态度；体能 |

### 三　体育教学内容的分析

（一）文化背景分析

目前，关于我国学校体育教材的内容大都是从体育运动素材中精选出来的。而每一种体育运动素材都有自己的发展历程，并且都是在一定的文化背景下产生和发展的。因此，分析体育教材一定要分析体育教材内容产生和发展的文化背景，这样才能帮助教学设计者更好地理解体育教材的内涵，有助于体育教师提高自身的综合素质，将自己的能力充分应用于体育教学之中，在教学实践中对学生起到一种潜移默化的影响。

（二）优缺点分析

作为体育教学活动的主导者，体育教师对学生起着重要的指导作用。体育教材是教学活动开展的保证，体育教师只有全面了解和掌握了教材，才能设计出有效的体育教学方案，更好地组织整个教学过程。这需要体育教师做好以下两个方面的工作：一方面，体育教师应充分认识到教材内容的优点，体育教材的内容要有利于学生的体能发展，有利于组织教学等；另一方面，体育教师应认真分析体育教材的局限性，找出教材的缺点和不足，以便于进一步进改进教材，或合理选用教材内容。

（三）功能性分析

作为高校体育教学活动的重要文化形式和载体，体育教材对体育教学活动具有重要的指导作用。因此，深入、全面地分析体育教材的潜在功能以及这些功能的运行环境和条件，有助于体育教师更好地把握教学过程，进而实现体育教学的目标。具体来讲，分析体育教材的功能主要应从五个方面入手，即运动参与、运动技能、身体健康、心理健康以及社会适应。

（四）适应性分析

教材内容是体育教学的重要参考，不可能适应全部的教师和学生，再加上选编和出版过程中的一些不足，教材内容本身并不是完美的，它存在着一定的局限性，这是不可避免的。在这样的情况下，就要求必须要有特定的体育教学环境予以配合，以满足学生的体育需求。因此，在体育教学中，体育教师不仅要充分考虑体育场地、体育器材、气候条件、教学手段等基本条件对体育教学过程的影响，同时还要充分考虑体育教材是否符合学生的体育需求和发展的需要。

（五）时代性分析

高校体育教学的目标是培养适应现代社会发展的高素质优秀人才，在体育教学中，体育教材应与现时社会相适应，体现出一定的时代性特征，培养符合社会发展需要的体育人才。现阶段，一些新兴的体育项目的出现，满足了青少年的心理和运动需求，比较符合现时的文化氛围，因此体育教师可选择此类教学内容安排进体育教学之中，以吸引更多的学生参与其中，提高学生学习体育的积极性和主动性。

## 四　体育学习者的分析

（一）一般特征分析

1. 生理特点分析

体育教学的形式非常特殊，它对学习者的生理方面具有较高的要求。不仅要求学习者具有正常的身体形态和正常的各器官系统机能，还要求学习者具备基本的运动能力。人的生长发育都要遵循一定的规律，因此对体育学习者的生理特点分析应结合学习者的生长发育规律和身体素质的年龄阶段发展规律进行。

2. 心理特点分析

分析体育学习者的心理特点，有助于体育教师组织教学过程，提高教学质量。具体来说，应该从体育学习者的个性发展特征、情感和情绪特征、注意力和意志的发展特征、思维特点等方面分析其心理特点。

3. 社会特点分析

体育学习的过程是体验不同角色、逐渐社会化的过程，这一过程给学习者提供了较好的社会模拟场景，需要学生扮演不同的角色参与其中。体育学习者正是在其中得到社会化锻炼，增强了自己的社会适应能力。在现代体育教学中，体育教师应从人际交往特点、社会行为特点、社会角色意识、团队精神和竞争意识等多方面分析学生的社会特点。

（二）学习风格分析

1. 信息加工风格

这主要是指分析学生喜欢体育教师运用什么方法进行教学；喜欢体育教师运用何种训练手段进行训练；喜欢什么样的学习节奏等。

2. 感知感官

不同学习者在感知信息时所使用感官不同，如有的学生喜欢通过动态视觉刺激学习（看示范）；有的学生则喜欢通过听觉刺激学习（听讲解、录音）；还有的学生喜欢通过本体感觉（阻力、助力）学习等，体育教师要根据具体教学实际合理选择。

3. 感情需求

这主要包括分析大学生的情感需要更侧重于哪些方面，如需要经常受到鼓励和安慰；需要在教学中获得兴奋和满足；需要得到教师的认可；需要受到同学的尊重等。

4. 社会性需求

不同学习者在学习中的社会性需求主要包括：需要得到同学的赞同、尊重和包容；与学生一起交流和学习；建立良好的人际关系；在体育教学活动中学会遵守体育道德、社会公德及各种社会行为规范。

（三）起点能力分析

在体育教学设计中，准确确定体育学习者的起点能力，有利于制订出符合实际的教学计划，从而促进教学水平的提高。学生的起点能力包括以下四个方面：一是学生的身体机能、身体素质、健康状况等；二是学生的基本知识及技能；三是学生的体育目标知识和技能，如学生是否掌握了体育教学目标中要求的体育知识与技能等；四是学生的体育学习态度，了解学生是否存在着偏爱和讨厌心理等心理现象。

# 第三节　体育教学设计的评价研究

## 一　体育教学设计评价的概念

体育教学设计的评价是指以体育教学设计方案为评价对象，制订合理的评价方案和科学的标准，运用一切有效的技术手段，对教学设计方案进行形成性评价。

对体育教学设计进行科学评价，能够使体育教师及时发现教学方案中存在的各种问题，帮助其及时调整教学方案，有利于体育教师熟练地掌握体育教学设计的流程和操作技术；有利于检查体育教学方案的完整性、科学性和合理性；有利于提高教师对体育教学过程整体性的再认识；有利于教学方案在实施之前得到最大程度的优化，从而显著提高体育教学的质量和水平；有利于促进体育教学设计理论的不断发展。

## 二　体育教学设计评价的内容及方法

（一）体育教学设计评价的内容

体育教学设计方案评价的内容主要包括：体育教学目标、体育教材内容、体育学习者、体育学习需要、体育教学策略、体育教学过程以及影响体育教学实施效果的教学模式、课程类型、课程结构等要素。

概况来讲，体育教学设计评价的内容主要包括以下两个方面。

一方面，由体育教学方案的设计者和相关专家对方案进行综合性评价。这一评价是根据体育教学设计的流程，对体育教学中各个要素进行详细的分析和评价。

另一方面，对教学过程进行详细的分析和评价。仔细分析调查资料，并出具评价结果报告，为制订体育教学方案提供必要的依据。

（二）体育教学设计评价的方法

体育教学设计是体育教学的一种主观预想，因此，任何设计都存在着一定的缺陷，体育教学方案设计也是如此。因此，在评价体育教学设计方案时，要掌握教学设计缺陷分析的方法（如图5-4）。这种分析方法是从对结果的缺陷考查进行分析的，然后再过渡到分析和发现设计过程本身的缺陷。这种评价方法具有很强的客观性，能促进体育教学设计的发展。

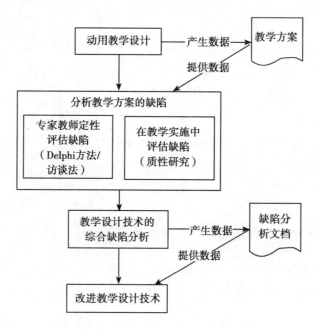

图5-4 教学设计缺陷分析法

应该引起评价者重视的是，教学设计缺陷分析法评价的焦点不是教学设计方案的优点或有效性，而是教学设计方案的缺陷。发现教学设计方案的缺陷是促进体育教师进行体育教学设计技术进步的有效方法，体育教师在进行体育教学设计时应注意自我检查和自我纠错分析。

三 体育教学设计评价的过程

（一）实施教学

制订好体育教学设计方案后，体育教学活动便进入了实施阶段，通过具体的实践才能证明体育教学设计方案是否合理和有效，是否能促进教学水平的提高。

在教学过程中，要对不同组别的受试者进行教学，对受试者的学习水平及应达到的学习效果进行综合分析。需要注意的是，在教学过程中应尽量避免人为因素。

（二）观察教学

实施体育教学方案的过程中，应指定观察者对教学过程进行细致的观察，从中发现存在的问题并予以反馈，观察内容包括：各项体育教学活动内容所花费的时间；教学方法、组织安排等；学习者提出的问题的性质和类型；教师处理和解决问题的方法；体育学习者的注意力和学习态度。

（三）后置测试和问卷调查

体育教学设计方案试用后应及时进行某种形式的测验（学习者的学习成绩）和问卷调查（学习者对教学过程的态度、看法、意见和建议）。进行测试和问卷调查的目的是验证体育教学方案是否符合当前的教学实际，符合学生的心理需求。在教学方案实施后，应及时进行学生学习成绩测试和问卷调查，以便于了解教学设计方案的实施情况。需要注意的是，收集成绩资料和测验应在体育教学设计方案实施后的一段时间进行。

（四）归纳和分析资料

归纳和分析资料的主要目的是帮助体育教学设计者更好地认识教学方案，其主要包括两个方面的内容：第一，归纳、整理和分析对学习者进行的测试及问卷调查资料，使体育教师充分了解体育学习者的学习情况，根据实际情况对方案做出必要的调整；第二，教学设计方案评价者可对方案实施的具体情况做初步分析，体育教学者可以根据评估的结果及时修改和调整体育教学设计方案，以保证教学活动的顺利开展。

（五）评价结果报告

体育教学方案应具有灵活性和适应性，在实施过程中根据具体的教学情况适时地做出调整和改变，但调整和修改也并不是即时就能完成的，在调整时还需要将试用和评价情况及结论写成书面的评价结果报告。具体来说，体育教学设计方案的形成性评价报告应主要包括以下内容：一是体育教学设计方案的名称；二是体育教学设计方案的试用宗旨、范围和要求；三是体育教学设计方案的评价项目；四是体育教学设计方案的评价；五是体育教学设计方案的改进意见；六是体育教学设计方案评价者的姓名、职称；七是体育教学设计方案的评价时间；八是附件。如评价数据概述表、采访记录、有关分析说明等。

# 第四节　新课改下体育教学设计思考

## 一　当前高校体育教学设计存在的问题

目前，我国正在极力推进体育教学改革，新的课程改革在各级各类高校逐渐得到实施，但就我国高校体育教学现状来看，高校体育教学仍以传统课程教学形式为主，很多一线体育教师采取的准备工作可以概括为"两背一写"，即背教材、背教法和写教案。课堂教学模式较为传统，对于教学的反馈也是以较为传统的"两率"，即达标率、优秀率来评价。因此，大学生对体育学习的兴趣不高。这种情况显然与现代越发强调的"以人为本"的教学理念相违背。从实际效果上来看也难以塑造学生体育学习的兴趣和能力，无法达到全面教育的目的，终身体育更加难以实现。

具体来说，我国高校体育教学设计中存在的问题具体表现在以下三个方面。

### （一）体育教学内容分配不平衡

体育教学内容的分配不平衡，容易使一些诸如体育理论知识和运动意识培养方面的教学占据次等地位。这一问题集中体现在现代学校在体育教学中过于注重对竞技体育项目技能的教学，连同最终的考核也主要以对运动技能采用量化标准的形式进行。

调查发现，传统的田径运动是我国高校体育教学的主要内容，具体包括短跑、长跑和跳远，在学期末的考核中的指标也就是完成跑步的用时和跳跃的最远距离。尽管在体育教学改革后，一些高校出现了自主选择式教学模式，如提供乒乓球、羽毛球、足球等项目供学生选择，但课程中仍旧以对相应项目的技战术能力的培养为主。实际上这本无可厚非，但从整体上来看，这在改变教学内容的分配方面与当初的田径教学没有本质上的差别，改变的只有运动项目，仍旧缺乏系统的理论知识的传授，很难实现新课程标准对全面提高大学生身心素质的要求。

（二）教学方法与手段单一

虽然现代体育教学手段的丰富程度与过去相比已有天壤之别，从理论上来说，现代体育教学方法与手段显然更加丰富一些，但从实际来看，大多数体育教学过程中体育教师仍旧更青睐选择最为便捷和方便的语言法和示范法进行教学。

现代社会是不断进步和发展的，在新形势下，随着社会对人才的要求不断提高，以及新一代学生的心理状态和个性特点的发展变化，传统的教学方法和手段难免会出现不能充分调动学生积极性和主动性的弊端和局限性。时代在变化，学生的需求也在逐渐提升，而一贯地使用传统方法会导致学生在教学活动中总是产生一种被动的接受感觉，学生的主动性、创造性得不到有效的发挥，其学习热情无法完全释放，无法体会到运动带来的快乐和成就感，更无法主动融入自主学习的机制中。

（三）教学安排局限性较强

现代社会是信息高速发展的社会，全球范围内信息快速传递，这使得许多国际上较为流行的体育运动如瑜伽、拓展运动等传入我国，被更多的人所知晓。学生作为对新鲜事物较为青睐的群体无疑对新型体育运动表现出更多兴趣。但是就目前我国高校体育教学的安排来看，仍旧过多依赖课堂授课，场地也基本局限于篮球场、足球场等，这显然无法满足大学生对运动范围扩大的要求，更不要提新颖的体育运动项目了。

在我国高校的体育课堂教学中，教师的主导地位仍是大多数体育教学的共识，尽管学生这一教学主体的自主性越发加强，但与预期还相差甚远。教学安排的局限性影响导致体育教学课程的单一、授课方式的呆板，很多教师安于现状、不求思索，在体育课程备课和实施教学中固守教材和大纲，缺乏创新意识和创新能力。

## 二　新课改下高校体育教学设计的优化

### （一）以"以人为本"为设计核心

"以人为本"是体育教学的重要原则之一，不仅对体育教学活动起到作用，还对与体育教学相关的一切事物有指导作用，体育教学设计即是其中一项。

传统体育教学过于注重传授体育知识或技能的教学设计，课堂教学显得简单粗暴，是一种"重教轻育"的行为。而在新时代下，特别是对素质教育重新定义后，体育育人的关键在于"育"，而学习运动技术或知识只是育人的一个载体。遵循以人为本原则开展的体育教学设计工作，必定会在设计中关注人文精神在体育教学中的存在意义，使得体育教学不仅仅是一个领域的知识或技能的培养这么简单，而是要成为培养人的良好生活习惯和健全人格的教育行为。因此，体育教育工作者应坚持"以学生为本"进行教学设计。

### （二）以"终身体育"为设计宗旨

"终身体育"是现代体育教学的目标之一，这一目标也符合素质教育的要求。因此，在体育教学设计中要积极融入"终身体育"的培养理念，最终以通过向学生传授体育知识、运动技巧、技能以及方法等教学行为使学生清楚地认识到健康的重要意义，养成良好的体育锻炼习惯，并将其融入日常生活。

### （三）注重对学习环境的构建

学习环境是开展教学活动的另一类载体。学习环境包括有形的体育教学场地、体育器材等，无形体育教学环境包括体育教学软实力、教学氛围以及校园体育文化等。现代教育学认为学习已经不再像以往那样单纯只是对知识的传输或接受的过程，而是已经将学习的行为认定为需要有强大意志性、意图性、自主性的建构实践。知识和技能的获得需要在个体运用知识和技能的"情境"中得到，因此，为了获得所需知识或技能，就需要为这一目标特别创建与之相适应的环境。

（四）探索并应用新教育技术

现代化信息时代中，支撑信息传输的媒介就是电子计算机和互联网，凭此契机，多媒体技术也日新月异。现代教育技术在体育教学设计中的应用还主要体现在辅助和支持作用上，以此为高校学生自主学习体育课程，进行个性化发展搭建网络信息平台。多媒体教室的建立以及将便携的多媒体终端带到各种教学场所，更展现了现代教育技术在实践中较强的适应能力。这些技术为高校体育教学工作注入了新的活力。因此，要重视研究多媒体在体育教学中的应用，研究适合体育运动特点的多媒体软件，设计出生动形象的画面并运用于教学实践中，从而不断提高体育教学质量。①

---

① 张玉生：《体育教学设计的新视角》，《体育教学》2001 年第 10 期。

# 第六章

# 高校体育教学模式研究

我国的体育事业在不断加速发展，因此在体育教学当中越来越注重每一个环节的研究。体育教学模式作为高校体育教学当中一个关键部分，对其进行深入的研究有着很重要的意义，只有这样，才能将体育教学模式更好地应用到高校体育教学当中去。本章主要研究体育教学模式的基本理论，常见的体育教学模式、新型体育教学模式的构建以及体育教学模式发展方向。

## 第一节　体育教学模式基本理论

### 一　体育教学模式的概念

关于体育教学模式的界定，是从 20 世纪 80 年代才开始进行专门的探讨的。现阶段，体育教学模式的概念并未统一，其规范化程度还有待于进一步提高。在体育教学模式的研究中，许多学者对体育教学模式的定义都提出了自己的认识和观点，下面就列出几种比较具有代表性的。

杨楠认为，体育教学模式是"体现某种教学思想或规律的体育活动的策略和方式，它包括相对稳定的教学群体和教材、相对独特的教学过程和相应的教学方法体系"。[1]

---

① 龚坚：《现代体育教学论》，西南师范大学出版社 2009 年版，第 150 页。

李杰凯认为，体育教学模式"是蕴涵特定的教学思想，针对特定的教学目标，在特定教学环境下实现其特定功能的有效教学活动与框架，是以简洁形式表达的体育教学思想理论和教学组织策略，是联系体育理论与体育教学实践的纽带"。[①]

樊临虎认为，"体育教学模式是指在一定的教学思想或理论指导下，设计和组织体育教学而在实践中建立起来的各种类型体育教学活动的范型，它以简化的形式稳定地表现出来"。[②]

毛振明认为，体育教学模式是"按照一定的体育教学理论或教学思想设计，具有相应结构和功能的体育教学理论或教学活动模型"。[③]

综上所述，体育教学模式能够有一个初步统一或认可度较高的概念，即"体育教学思想特定，用以完成体育教学单元目标而实施的稳定性较好的教学程序就是所谓的体育教学模式"。

## 二　体育教学模式的结构

体育教学模式的结构就是体育教学模式所包含的因素，其主要包括教学思想、教学目标、操作程序、实现条件以及评价方式等，具体内容如下。

（一）教学思想

作为体育教学模式的灵魂，教学思想是建立体育教学模式所应具备的基本理论与思想基础。也就是说，要想建立体育教学模式，就需要有一定的理论知识对其进行科学指导，在不同理论指导下所建立起来的体育教学模式是有所差异的。例如，我国在 20 世纪 80 年代所建立起来的愉快体育与日本的快乐体育，这两种教学模式都是根据当时学生学习时的具体需求产生的，有利于学生参与学习活动的积极性和主动性的充分调动，并能够使学生通过体育教育养成终身体育的

---

[①]　龚坚：《现代体育教学论》，西南师范大学出版社 2009 年版，第 150 页。

[②]　同上书，第 149 页。

[③]　同上。

习惯。

（二）教学目标

在体育教学过程中，建立体育教学模式的目的在于更好地实现体育教学目标。如果没有体育教学目标，也就没有体育教学模式存在的必要和价值了。"体育教学模式所能够达到的教学效果是体育教师对某项教学活动在学生身上将产生的效果所作出的预先估计。"[1] 体育教学主题具体化之后就表现为体育教学目标，教学目标是体育教学模式的核心，体育教学模式的其他要素受到教学目标的影响与制约。

（三）操作程序

无论是哪一学科的教学活动，其中教学的环节（步骤）就是所谓的操作程序。在体育教学实践中，操作程序主要是指在时间层面上所展开的环节（带有逻辑性）以及各环节的具体做法等。不管是何种体育教学模式，其操作程序都具有独特性，与其他教学模式不同。操作程序并不是一成不变的，但它一定是基本的和相对稳定的。

（四）实现条件

所谓实现条件，是指体育教学模式中所采用的策略和手段，它是对操作程序的补充说明，并能够使体育教师选择合理的、正确的教学方法和策略。人力条件、物力条件和动力条件三个方面是体育教学模式中实现条件的主要内容。具体就是体育教师与学生、体育教学内容与时空以及学校的基础设施等。

（五）评价方式

不同的体育教学模式，所要完成的体育教学目标不同，而且所采用的教学程序和条件也存在差异。因此，不同的体育教学模式也具有不同的评价标准和评价方式。每一种教学模式的评价标准和评价方法都是特定的，如果使用统一的标准进行评价，就会使评价失去科学性，评价结果失去说服力。例如，与标准化评价相比，群体合作教学模式的评价标准是采用计算个人和小组合计总分的评价方式。

---

① 龚坚：《现代体育教学论》，西南师范大学出版社 2009 年版，第 150 页。

### 三　体育教学模式的特性及功能

（一）体育教学模式的特性

1. 优效性

体育教学模式的建立需要有一定的理论作为前提条件，与此同时，体育教学实践也要通过不断的修正与补充来促进体育教学模式的构建与完善。所以，提高体育教学质量，不断对体育教学过程加以改进，不断更新与完善体育教学的各个环节，避免教学资源的浪费与缺失，是完善体育教学模式的主要着眼点。从这一角度来说，体育教学模式充分体现出了其显著的优效性特点。

2. 整体性

体育教学模式对体育教学的处理是从整体上进行的，具体来说，它不仅要明确规定教学活动中的教学主体（体育教师与学生）、教学客体（教学目标、教学内容）等主要因素的地位与作用，而且还要对教学物质条件、组织形式、时空条件、师生互动关系或生生合作关系等影响体育教学活动并在教学活动中起重要作用的其他因素进行相应的说明。由此可以看出，这几乎把体育教学论体系中的基本内容都涵盖了，因此，人们也将体育教学模式称为"体育微型教学论"。

体育教学模式的整体性特征要求人们在对体育教学模式做出正确的认识及运用时，一定要将体育教师的教学风格、学生的年龄特点、体育基础特点、课程内容特点等体育教学模式的主要要素整体全面地确定下来并熟练把握。除此之外，教学场地条件、环境条件、教学班级人数、气候特点等一些次要要素也要列入考虑的范围内，同时还要清楚地认识到它们之间的相互关系，对各环节的相互配合、相互衔接也要表示足够的重视，从而使教学模式成为系统的教学程序。这种多部分、多要素、多环节的有机组合将体育教学整体性充分体现了出来，同时也对体育教学模式并非是多环节、多要素的简单堆积进行了说明，因此，可以说，体育教学模式是具有一定科学性的。

3. 针对性

无论何种体育教学模式，其建立都是针对体育教学实践过程中的某个具体问题或问题的某一方面进行的，针对体育教学内容、体育教学对象、体育教学环境等不同要素所形成的体育教学模式是有很大区别的。从这一点来看，体育教学模式有其特定的教学目标和使用范围，是不能包罗万象的。比如，情景教学模式是针对小学生理解能力较差、体育基础不够，而以体育故事形式把各种简单的体育活动动作组合起来进行教学的，因此，这种教学形式对于中学高年级的学生是不适合的；又如，快乐体育教学模式是与传统体育教学中的强制性教学相对立的，这种教学模式对于学练一些简单的体育活动动作是较为适合的，而对于体育复杂动作的教学则是不适合的。由此可以看出，普遍有效的可能模式或者最优的模式是不存在的。教学模式与目标往往是一对多或多对一的关系，而绝非一对一的关系。

通常来说，一种模式的目标是多种多样的，而多样化目标又可以进行主、次的划分，其中主要的目标不仅是此模式与彼模式相区别的主要特征之一，同时也是人们有针对性地选用模式的一个重要依据。比如，启发式教学模式与快乐体育教学模式中都有发展学生技能、运动参与、情感方面等目标，但是，这些方面的主要目标并不是一样的，而是有一定的差异性的。具体来说，开启学生的学习智力，使学生的运动思维得到有效的发展，从而对运动技能的学习与掌握产生积极有利的影响，是启发式教学模式的主要目标；而使学生在学练一些较为简单的体育活动动作中体验运动的乐趣，并创造性地组合一些简单的动作，体验运动成功的感觉，使其自信心有所增加，则是快乐体育教学模式的主要教学目标。

4. 简洁概括性

体育教学模式并非是"复写"体育教学活动，而是在能将自己的个性充分显示出来的基础上，将教学目标、教学方法、组织形式等某一教学活动中的不重要因素省去，从理论高度简明系统地将模式自身反映出来。由此可以看出，它是对某一理论的浓缩，对实践的精简，表现出一定的简洁性与概括性。一定的体育教学模式能够将特定的体育教学思想充分反映出来，而且会在一定程度上简化教学模式的各环节，通过教学程序的方式将其展现出来，充分体现出了体育教学模式显著的简洁概括性特征。

教学模式的概括性主要体现在教学模式的表现形式、表现内容和表现种类等方面。具体来说，每一个方面的概括性都有着不同的特点，具体如下。

（1）表现形式的概括性，就是用较少的笔墨、少许的线条、符号或图表就能够将整个教学模式大致反映出来。

（2）表现内容的概括性，就是浓缩、提炼单元体育教学活动的理论或实践。

（3）表现种类的概括性，就是把具有共同特征的模式归结为一类，从而达到将某一体育教学模式的教学目标更明确地表达出来的目的，也可以在体育教学实践中使体育教师对体育教学模式有更加明了的理解与选择，从而使对多种体育教学模式产生相互混淆的现象得到有效避免。

5. 可操作性

这里所说的可操作性主要包括两个方面的内容。

一方面，体育教学模式易被教师模仿。究其原因，主要是由于教学模式不仅是教学理论的操作化，同时还是教学实践的概括化。体育教学活动在时间上的开展以及每一教学步骤的具体做法都需要教学模式提供相应的逻辑结构与思维，也即操作程序。这样，教师在教学中应该先做什么，再做什么，最后做什么，就非常有条理，操作性较强。

另一方面，体育教学模式的操作程序是处于基本稳定状态的，究其原因，主要在于体育教学活动的特殊性、复杂性以及影响体育教学的主要因素不能受到精确控制。关于此，比较具有代表性的是魏书生创立的"六阶段教学论"，虽然从总体上看，教学是按照提出教学要求→组织学生自学→师生讨论启发→开展实践运用→及时做出评价→系统总结"这样的程序进行的；运动技能类教学模式是按照教师的示范讲解→动作分解教学→学生初步练习→纠正错误动作→再次练习→动作部分的结合练习→纠正错误动作→完整动作练习→强化练习、过渡练习→掌握动作这样的程序进行的，而且教学程序不可逆转，但是，其中某些步骤可以以教学实际情况为主要依据进行压缩、省略和重叠。这充分体现了体育教学模式的可操作性特征。

虽然体育教学模式具有较强的针对性，但在不同条件与环境下开展体育教学，其产生的体育教学模式也表现出一定的差异性，也会因不同的教学指导思想和理论而表现出一定的差异性。但是一旦确立了某种体育教学模式，就可以代表一定的教学思想和理念，也就表明某一特定的条件下的具体操作的稳定性和可模仿性，具体相同的理念和外在条件，便可以容易地被体育教师所模仿，这就是体育教学模式的稳定性特点。需要注意的是，随着时代的变迁，指导思想与外在条件等发生质的变化，这就要求适当调整和变更体育教学模式。由此可以看出，体育教学模式的稳定性并不是绝对的，而是相对的。

（二）体育教学模式的功能

1. 预测功能

体育教学模式是以体育教学活动中的内在规律与逻辑关系为基础的，因此，它有利于准确地对体育教学进程和结果做出判断，即使不能准确判断，也能对体育教学进程和结果进行合理估计，甚至可以建立教学结果假说。通常以某种教学模式内在与本质的规律及其现象为主要依据，来对该模式进行预测。例如，快乐体育教学模式下，既要注重学生在学习过程中的学习体验，也要使学生对运动技能加以掌握，从而为学生的终身体育打下良好基础。这种模式的预测功能主要体现为以下两个方面。

一方面，如果在教学过程中没有达到预期的教学目标，说明实际与预测存在一定的差距，需要进行合理、正确地调整。

另一方面，如果在教学过程中达到了预期的教学目标，说明与事先的预测是相吻合的，证明理论与实践是相统一的。

2. 简化功能

体育教学活动有着较为显著的特殊性和复杂性的特征，因此，要想取得较为理想的处理这种特殊性和复杂性的效果，除了需要人们的思辨和文字的处理方式外，还需要其他一些简单明了的方式。图示就是这样一种方式，它能够将各系统之间的次序及其作用和相互关系较为清晰地表达出来，这样往往就能够使人们对事物有一个整体的印象。体育教学结构能够反映出各环节各要素的关系，除此之外，也能够将其组织结构和流程框架反映出来，这种结构的主要特点在于注重原则、原理，而且也较为重视行为技能的学习。因此，从客观的角度上来说，体育教学模式有着非常重要的作用和意义，与现代体育教学任务是相符的，具体来说，主要表现在以下三个方面。

第一，对体育知识、体育技术和体育技能的学习与掌握非常重视。

第二，对学生的学习目标和教师的设计方案非常重视。

第三，在充分反映教学理念的同时，对具体的操作策略也非常重视。

由此可以看出，体育教学模式具有较强的可操作性，其结构和机制也较为完整。另外，体育教学模式比抽象的理论更具体、简化，不仅与教学实际更为接近，而且它能够为体育教师提供基本操作框架，使教师明确具体的教学程序，因此较容易被教师理解、选用、操作与认可，受到教师的欢迎。

3. 调节与反馈功能

马克思主义唯物观认为实践是检验真理的唯一标准，因而体育教学模式是否科学也要通过实践的体育教学活动对其进行检验才能得知。体育教学模式是依据具体的教学指导思想、教学条件和教学环境来进行安排的。例如，在实际的运用过程中，如果某一种体育教学模式没有达到预先制定的教学目标，就需要具体分析教学模式操作过程中的各个环节与因素，并找出其中的利弊关系，并深入地分析其原因，提出相关对策，以使体育教学活动更加科学、合理。

4. 解释与启发功能

体育教学模式的功能和作用主要表现在通过简洁明了的方法来解释相当复杂的现象。比较常见的一种体育教学模式是发展体能教学模式，这一教学模式的建立向人们展示的是整体的框架，其中文字的解释使人能够更加深入地理解教学模式，具体来说，发展体能教学模式中所蕴含的理论知识主要体现在以下三个方面。

第一，阶段性的体能目标实施与反馈控制理论。

第二，体育教学系统地、长期地发展体能的指导思想。

第三，非智力、非体力因素参与体育活动并促进技能教学的发展理论。具体来说，体能的发展是比较枯燥的，因此，如何激发发展体能的兴趣就成为一项关键性因素，需要注意的是，这一关键因素是非智力、非体力的。

除此之外，对于整个教学活动来说，具体的某种教学模式的核心环节具有非常重要的作用和意义，其主要在教学目标的制定与教学过程实施的形成性评价中得到一定的体现。具体来说，主要包括以下五个方面。

第一，预先进行体能测验，实施诊断性评价。

第二，以学生的身体条件与身体素质的侧重点为主要依据来对教学单元进行合理地安排。

第三，有针对性地对单元中诸体能目标进行练习并力争达成目标。

第四，对学习效果进行总结，实施总结性评价。

第五，以评价的结果为主要依据来使矫正措施得以实施。

## 第二节　高校常见体育教学模式

由于体育教师各具特点，再加上学生的实际情况也有所不同，因此在高校体育教学过程中，所采用的体育教学模式也是千差万别，各有侧重。下面主要分析几种高校常见的体育教学模式，主要从建立背景、指导思想、操作程序以及存在的优缺点等方面展开。

## 一　小群体体育教学模式

### （一）建立背景

小群体的学习形式来源于日本的"小集团学习"理论。小群体体育教学模式是指在体育教学中，教师通过对小组教学形式的运用，将学生分为几个不同的学习小组，教师指导学习小组进行学习，各小组之间与同组的学生之间通过互动、互助、互争，以此来不断促进学生学习的主动性，从而提高教学效率的一种教学模式。小集团学习法起初是在其他学科中产生的，到了20世纪50年代开始应用于体育教学中。这种模式在高校体育教学中的运用不仅取得了较为理想的效果，还进一步促进了高校体育教学的发展和完善。

### （二）指导思想

小群体体育教学模式的主要指导思想是在遵循体育学习机体发展和发挥教育作用的规律的基础上，通过高校体育教学中的集体因素和学生间交流的社会性作用，促进学生交往，提高学生的社会性。此外，在运用这种模式的过程中，还要注意培养学生的自主学习能力，并要适应学生的个体差异表现。概而言之，小群体教学模式的指导思想具体体现为以下四个方面。

第一，有针对性地培养学生的良好品质。

第二，强调集中注意力，并要求学生相互帮助、团结，以有效地提高组内的竞争力。

第三，通过教导学生相互帮助、合理竞争，从而促进学生的身心健康和提高其社会适应能力。

第四，要在条件基本均等的情况下，使组与组之间的学生合理竞技，从而激发学生学习的兴趣，提高学习的效果。

（三）操作程序

小群体体育教学模式的操作程序如图 6 - 1 所示。

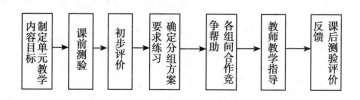

制定单元教学内容目标 → 课前测验 → 初步评价 → 确定分组方案要求练习 → 各组间合作竞争帮助 → 教师教学指导 → 课后测验评价反馈

**图 6 - 1　小群体体育教学模式的操作程序**

（四）主要优缺点

1. 优点

（1）小群体教学侧重于培养学生的团结性，有利于充分调动学生学习的积极性和竞争性，也有利于培养和提高学生的社会适应能力。

（2）通过小群体教学，既可以提高组内团队间的合作能力，又可以提高团队与其他团队之间的竞争能力，增强学生的竞争意识。

2. 缺点

由于小群体体育教学模式更注重培养学生的社会适应能力，可能导致在教学中将大量的时间消耗在这一方面，从而使得学生对教学内容的学习时间相对减少。

## 二　主动性体育教学模式

（一）建立背景

在现代教育中，学生是整个教学活动的主体，所以主动性体育教学模式能更好地引导学生通过思考、体验来进行交流和合作，从而进一步发展自身的社会技能、社会情感以及创造能力。在高校体育教学中，要想取得较为理想的教学效果，必须要有良好的课堂环境和氛围作为保证。因此，主动性体育教学模式在这样的环境和需求下应运而生。

（二）指导思想

主动性体育教学模式的指导思想主要包括以下四个方面。

一是培养学生的参与能力。只有使学生参与教学活动中来，才能有机会使学生的主动性得到进一步发展。

二是培养学生的教学能力。引导学生站在教师的角度上去思考问题，有利于提升学生的教学能力和主动性。

三是培养学生的合作精神。要使学生认识到团队合作的重要性，培养学生的团结合作精神，同时还可创造出理解、尊重、宽容、信任、合作、民主的课堂氛围。

四是培养学生的创新意识。要想发展就必须进行创新，教师应根据教学实际和学生的具体情况，有针对性地培养学生的创新意识和创造能力。

（三）操作程序

主动性体育教学模式的操作程序如图 6 - 2 所示。

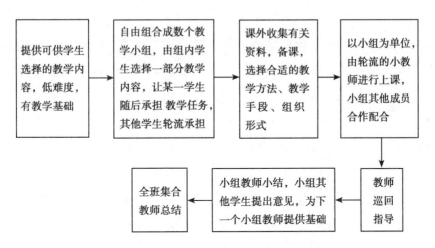

图 6 - 2　主动性体育教学模式的操作程序

（四）主要优缺点

1. 优点

（1）体育教学中运用主体性体育教学模式能够实事求是、有针对性地发展学生的主体意识。

（2）有利于提高和发展学生的学习主动性和自我学习能力。

## 2. 缺点

主动性体育教学模式要求学生有一定的自觉性基础并且要求学生具有自我设计教学计划、教学方法、教学手段、组织措施的能力，更要求学生的自学能力要强，否则，运用主动性体育教学模式就不会取得理想的效果。

### 三　发现式体育教学模式

#### （一）建立背景

发现式体育教学模式是指通过体育教师的指导，学生能够独立地研究和发现事实与问题，从而可以更加深刻地掌握相关原理和知识的一种教学模式。这种教学模式主要强调学生的直觉思维、内在的学习动机以及教学过程三个方面。

#### （二）指导思想

发现式体育教学模式是教师通过适当地对学生进行引导，让他们运用主观思维进行积极地思考、独立地发现问题并解决问题的教学方式。基于此，这种体育教学模式的指导思想就是在体育教学中通过遵循学生的认知规律来考虑教学过程，体现以学生为主体，以学生为中心的思想。具体来说，其指导思想具体包括以下六个方面。

其一，着重增强学生学习的积极性和趣味性。

其二，调动学生思维的主动性，开发学生的智力。

其三，在以学生为主体的前提下，对学生进行指导。

其四，在将答案揭晓之前，要让学生自己去探索问题的答案。

其五，对问题情境进行设置，并使学生投入教学情境中的过程更为自然，对学生的学习热情与积极性进行激发与鼓励。

其六，提高学生学习运动技能的效率，使学生更加深刻地领悟技能和知识，记忆更加牢靠。

#### （三）操作程序

发现式体育教学模式的操作程序如图 6 - 3 所示。

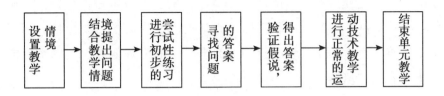

**图 6 - 3　发现式体育教学模式的操作程序**

（四）主要优缺点

1. 优点

（1）发现式体育教学模式既能调动学生学习的热情和积极性，又能提高学生的学习效率。

（2）发现式体育教学模式有利于开发学生智力，提高学生智力水平。发现式体育教学模式非常重视学生的智力发展，通过在学习过程中设置问题情境，激发学生学习的好奇心，进而提高其智力水平。

2. 缺点

（1）发现式体育教学模式会在问题的提出、讨论、解决等环节占用大部分的教学时间，从而使得运动技能练习与巩固的时间相对减少，因此会对学生学习和掌握运动技能的效果产生影响。

（2）发现式体育教学模式还会受到不稳定因素的影响，所以从教学模式的评价来看，无法在短时间内对其他教学模式进行比较。

## 四　选择式体育教学模式

（一）建立背景

在"健康第一"的指导思想和新课程标准的影响下，为了更好地体现以学生为主体的教学观念，现代高校体育教学中出现了选修课。选修课的出现可以使学生在体育学习过程中依据自己的喜好和需要选择适当的项目学习。由于选择式教学模式具有较高的可行性和良好的教学效果，近年来在多所学校中已普遍使用，并受到体育教育工作者的高度重视。

（二）指导思想

选择式体育教学模式可以使学生自主选择的优势得到充分体现，

学生可自主选择所要学习的内容、学习进度、学习参考资料、学习伙伴、学习难度等，这样不仅能够极大地提高学生的学习积极性，同时也能够将学生学习主动性充分调动起来，从而更好地对学生的学习能力进行有效的培养。

（三）操作程序

选择式体育教学模式的操作程序如图6-4所示。

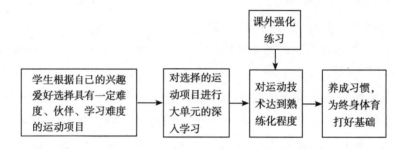

**图6-4　选择式体育教学模式的操作程序**

（四）主要优缺点

1. 优点

（1）学生自主选择学习内容，这不仅是学生主体地位的充分体现，而且也有利于提高学生的学习兴趣。

（2）由于学生可以根据自身的兴趣和需求来选择学习内容，因而能够更好地培养学生的自觉性、学习热情、学习态度、情感体验、克服困难的意志力等，同时能够增强学生的责任感。

2. 缺点

（1）根据目前相关教学实践来看，选择式体育教学模式虽然对有运动兴趣的学生有积极作用，但对于那些暂时还没有特别兴趣的学生在选择上会导致盲目性，也就是说，这种教学模式在目前还不适用于全体学生。

（2）由于受到技术难度、趣味性、运动量以及考核评价等方面的影响，学习内容可能会导致学生功利性地选择运动项目，从而使得选择内容不均等，不利于教学活动的顺利进行。

## 五 领会式体育教学模式

（一）建立背景

领会式体育教学模式是在 20 世纪 80 年代由英国学者提出的。在当时，这种教学模式的运用主要是为了对球类教学的过程结构进行合理的改造，对新教程进行领会，试图通过这一教学模式对以往教学中存在的缺陷进行改正。这个缺陷主要是指为达到提高球类教学质量的目的，只对技能教学表示重视，而忽略学生对整个运动项目的认知和对运动特点的把握。

（二）指导思想

领会式体育教学模式的指导思想主要包括以下四个方面。

第一，这种教学模式强调先尝试，后学习。

第二，这种模式强调要在尝试的过程中了解学习运动技术的重要性，进而促进学生学习主动性的提高。

第三，该模式强调先进行完整教学，然后再分解教学，在对分解后的各部分知识有所掌握后进而进行完整的尝试，从而对学习前后的效果进行对比。

第四，该模式提出竞赛是开展体育教学活动最主要的组织形式，并指出这有利于提高学生学习的积极性和实用性。

（三）操作程序

领会式体育教学模式的操作程序如图 6-5 所示。

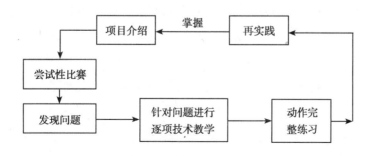

图 6-5 领会式体育教学模式的操作程序

（四）主要优缺点

1. 优点

领会式体育教学模式通过先让学生初步进行体验，体会出学习正确动作的必要性，然后根据学生的实际情况，由教师选择合理的教学方法，来促使学生产生强烈的学习动作的动机和需要，进而将学生学习的积极性调动起来，提高学习效率。

2. 缺点

在尝试性比赛中，学生因对这项运动缺乏深刻的了解，很可能会使比赛无法顺利进行。在一些尝试性的比赛中，要想避免这种情况的发生，可以适当降低难度和要求，使学生慢慢进入角色，从而使比赛更为有序，以此来保证常识性比赛的顺利进行。

# 第三节　新型体育教学模式的构建

## 一　新型体育教学模式构建的参考依据

新型体育教学模式的构建需要把握以下四个参考依据。

（一）参考体育教材性质

体育教学以教材为基本工具，体育教师教学、学生学习都要借助教材这一基本教学工具。体育教材也是体育教师与学生共同完成体育教学目标的内容载体。通常把体育教材分为概括性教材与分析性教材两大类，这主要是以体育教材内容的性质为依据划分的，具体分析如下。

1. 概括性教材

这一类教材中没有较难学习的运动技术需要学生掌握，对概括性教材进行讲解的主要目的是使学生对体育项目有简单的了解，培养学生体育学习的兴趣，促进学生的身心健康。学生在学习该类教材时主要是注重体验乐趣，获取快乐，所以要构建并选用快乐式教学模式、情景式教学模式以及成功式教学模式进行教学。

2. 分析性教材

这一类教材中的运动技术具有一定的难度，对这类教材进行讲解的主要目的是提高学生的自主学习能力与创新能力，促进学生体育知识与技能的增长，学生在学习该类教材时注重培养学力与创造力，所以要选择构建主动性体育教学模式、发现式教学模式以及领会式体育教学模式等进行教学。

（二）参考体育教学目标

体育教学模式构建与运用的关键是教学目标，体育教学模式需要体育教学思想与目标为其提供活力、指明方向。体育教学思想与目标也是区分教学模式的一个标准。体育教学目标在新课程改革之后有所变化，主要涵盖了四个方面：一是提高学生运动参与能力与积极性的目标；二是促进学生身心健康的目标；三是促进学生正确掌握运动技能的目标；四是提高学生社会适应能力的目标。

上述体育教学目标要求在体育教学中要构建与选用情景体育教学模式、探究体育教学模式以及成功式教学模式等进行教学。

（三）参考体育教学对象

体育教学活动离不开学生这一教学主体，体育教学活动中，学生也是其中非常重要的一个组成部分，所以要针对不同学生的具体情况与特点来对教学模式进行构建。学生的学习阶段按年龄大致可以分为小学、中学、大学三个时期。不同学习时期，学生的身体与心理情况是有明显不同的，所以体育教学模式的构建要考虑到不同学习阶段的学生的具体情况。

学生在大学时期，主要是接受专项体育运动教学训练，适合这一时期的体育教学模式有技能性体育教学模式，同时也要发挥体能性体育教学模式的辅助作用，所以对这两种教学模式的构建极其重要。

（四）参考体育教学条件

体育教学模式不同，其相应的教学条件也会有差异。不同地区或学校的体育教学条件具有明显的复杂性与差异性。以城市和农村地区为例，由于经济水平差距很大，因此在体育教学场所、设施与器材方面也有差距。针对这一情况，体育教师要实事求是，从实际出发，构建恰当的体育教学模式来完成教学目标与任务。农村学校的教学水平与条件有限，因此不适合构建并选用要求外部教学条件良好的小群体教学模式。

## 二　新型体育教学模式的构建原则

（一）坚持教学目标、内容、形式、结构与功能的统一原则

从本质上讲，新型体育教学模式的建构是处理好高校体育教学活动中形式与内容、结构与功能的关键问题。所以，体育教师应该对各类体育教学课堂结构和形式的功能与作用进行全面分析，并以教学目标和条件为依据对教学模式做出比较合理的选择。

（二）坚持统一性与多样性的统一原则

体育教学模式构建的统一性是指在构建和创造体育教学模式时，要继承新中国成立以来我国体育教学思想和成功经验。

新型体育教学模式构建的多样性是指在开发和构建体育教学模式时应尽量实现多样化，避免单一化与程式化的不足。

（三）坚持借鉴与创新的统一原则

体育教学模式要坚持创新与借鉴的统一性。这里所说的借鉴具体是指借鉴两个方面的内容，一方面要借鉴国外的先进教学模式理论；另一方面是要借鉴国内的先进教学模式理论与成功教学经验。

随着全球化趋势的加强，学校体育教学也必然要受到教育全球化的影响，不对国外先进教学模式理论加以借鉴或借鉴之后缺乏创新都是故步自封的落后表现。因此要有机结合创新与借鉴，这样才能运用成功的经验，吸取失败的教训，不走或少走弯路。具体来说，统一借鉴与创新，就是要以正确的体育教学思想为指导，革新原有的落后的体育教学模式，借鉴前人和他人的成功经验和理论，结合教学中的客观实际，提高体育教学的效率。

## 三　新型体育教学模式的构建步骤

概括地讲，新型体育教学模式的主要构建步骤如下。

第一，明确指导思想。即选择用什么教学思想作为构建模式的依据，使教学模式更突出主题思想并具有理论基础。

第二，确定构建模式的目的。即在明确指导思想的基础上，确立建构体育教学模式所达到的目的。

第三，寻找典型经验。即在完成第一步的基础上，通过调查研究，寻找恰当的典型经验或原型作为教学案例，案例要符合模式构建思想与目的。

第四，抓住基本特征。即运用模式方法分析教学案例，对教学案例的基本特征与教学的基本过程进行概括。

第五，确定关键词语。即确定表述这一体育教学模式的关键词。

第六，简要定性表述。即对这一体育教学模式进行简要的定性表述。

第七，对照模式实施。即对照这一体育教学模式具体实践教学，进行实践检验。

第八，总结评价反馈。即通过体育教学实践验证，对实践检验的结果进行归纳总结，通过初步实践调整修正模式并反复实践以不断完善。

## 四　两种新型体育教学模式的构建与运用

### (一) 合作式体育教学模式的构建与运用

体育教学活动中，合作教学模式的运用有利于学生合作意识与能力的提高，有利于学生交往、实践及协调能力的增强，也有利于学生个性发展和终身体育意识的形成。

1. 合作体育教学模式的构建

(1) 构建程序。首先，要以体育教学大纲规定的教学时间与教学内容为主要依据，对上课时间进行合理地分配与安排。通常，在体育教学活动中，体育理论知识教学占总教学时间的25%；学生体育能力培养占总教学时间的30%；体育技战术教学占总教学时间的45%。其次，体育课堂教学之前，教师要做好课堂教学计划，即教案。制订教学计划时教师要加强与学生的合作，与学生一起探讨教学方法的选用。

（2）具体实施。一是明确教学目标。体育教学过程的第一环节就是要明确并呈现教学目标，这一环节中，体育教师的口头讲解与动作示范要有机结合学生的观察体验与思考，加强师生之间的沟通与交流。二是对学生进行集体讲授。对学生进行集体授课时，体育教师要适当缩短授课时间，提高教学效率，从而留出更多的时间为下一环节（小组合作）做准备，教师要注意提高学生的学习积极性，善于运用一些新颖的问题来使学生的注意力集中到课堂中。三是加强小组合作学习。学生的学习主体性以及学生之间的沟通与交流是小组合作环节的重点，学生要在小组合作学习中积极发表自己的意见，提高自己的主动性、积极性及创新性。四是实施阶段测验。体育教师在学生学习一个阶段后，对各个学习小组进行阶段测验，从而对学生在这一阶段的学习情况与效果有一个初步了解。五是积极反馈。在反馈阶段，体育教师要综合评价学生这一学习阶段的具体表现。学生在小组合作学习中获取的知识比较零散，系统性很差，所以教师要正确引导学生归纳所学知识，使之成为一个系统的知识体系，便于学生掌握与记忆。小组测试也是反馈的一个重要手段，通过测试反映出学生学习的不足，从而有针对性地对其进行纠正与完善。

2. 合作教学模式在体育教学中运用的注意事项

（1）更新教学观念。合作教学模式在体育教学活动中的运用要求对传统的体育教学观念进行更新，对学生的重要性进行重新认识，重视学生的主体地位，引导学生充分发挥自身的主观能动性，尊重学生的人格，在教学中加强与学生的合作交流，以学生的具体情况为依据进行教学。

（2）注重学生主体意识的培养。首先，体育教师在体育教学活动中要想法设法来激发学生的思维与学习热情，然后引导学生积极发现与探索新问题、新情况，在引导过程中，注重学生自主意识和独立能力的培养。其次，教师要注重自身的引导作用，通过提问、质疑等手段，引导学生把注意力集中到课堂教学中。最后，教师主导性的发挥要以实现体育教学目标为出发点，倘若没有从教学目标出发，就谈不上学生主体性的培养了。

（二）启发式体育教学模式的构建与运用

"启发式体育教学模式指的是在体育教学活动中，教师以体育教学目标、教学规律以及学生的认知水平和年龄特点为主要依据，通过采取各种教学手段来引导学生独立思考、积极主动地获取知识、解决学习问题的过程。"① 解决教学中出现的问题、提高体育教学的质量以及促进学生体育学习积极性的发展是体育教学模式的实质。

1. 启发式体育教学模式的构建

（1）对问题情境进行创设。体育教师在对问题情境进行创设时，要具体以体育教材的重点和学生的客观实际为依据。在创设问题情境的过程中，体育教师不仅要解决学生在学习中出现的问题，更要采取一定的方法与措施来引起学生的好奇心，使其主动提出疑惑并积极思考解决疑惑，这样有利于学生学习热情的充分调动，有利于提高学生逻辑思考与客观分析及解决问题的能力。

（2）采用直观教学手段。体育教师在对学生进行启发的过程中，要尽量采用直观的教学方法手段，减少抽象概念的使用。直观手段具体是指多媒体、录像、图片等直观教具的使用，直观教学方法有利于学生学习兴趣的激发与提高，有利于学生以最为简单的方式清晰地掌握学习内容。

（3）采用多样化的练习手段。体育教师在引导学生进行练习的过程中，要以体育教学任务、目的和要求为主要依据，并要善于采取一些有助于启发教学的练习方式作为辅助学习的手段。除此之外，体育教师还可以以教材内容为依据对多样化的练习手段加以运用，以此来促进学生学习兴趣的提高，同时也能够提高学生的学习效果。

2. 启发式教学模式在体育教学中运用的注意事项

（1）对教材重点与难点有所明确。体育教材重点是学生要掌握的

---

① 潘凌云：《体育教学模式探讨》，硕士学位论文，华中师范大学，2002 年。

关键内容，教材难点是学生不容易掌握的教材内容。教师运用启发式教学模式进行教学时要以教材重点为中心，通过口头叙述、动作示范等各种教学方式来引起学生对教材重点内容的思考。体育教师也可以针对重点动作做一些生动、逼真的模仿，这样学生也能比较容易地掌握教学内容。除此之外，教师也要重视学生的身心特点、认知能力和学习基础，遵循因材施教的教学原则，使每个学生的学习效率都能得到保障。

（2）对多元评价体系进行科学构建。评价学生的学习过程或结果主要是为了总结学生的学习效果，对学生学习体育起到一种督促与激励的作用。合理的评价有利于提高学生学习的积极性和主动性。评价的实施步骤具体为：评价标准的确定→评价情境的创设→评价手段的选用→评价结果的利用。评价讲究合理，不要求过于呆板地、严格地对应标准答案，根据具体情况保留一定的评价空间。教师在对学生的学习技能做出评价的同时，也要引导学生进行自我评价或学生之间的互相评价。

# 第四节　体育教学模式的发展走向

## 一　体育教学模式创新与发展的集中点

目前常见的体育教学模式是有限的，但随着体育教学改革的不断推进和创新，还会有更多的教学模式不断出现，并且在体育教学中得到应用。而关于未来体育教学模式的发展，其发展集中点主要表现在以下三个方面。

### （一）保留演绎型教学模式

教学模式形成的方法主要有由概括实践经验而成的归纳法和靠逻辑生成的演绎法两种。从一种思想或理论假设出发设计而成的一种教学模式，就是所谓的演绎教学模式，其中，20 世纪 50 年代以后产生的教学模式大都属于这一类型。演绎教学模式是从理论假设开始的，形成于演绎，其对科学理论基础非常重视。演绎教学模式的这一特点不仅为人们自觉地利用科学理论作指导提供了一定的可能，而且还为主动设计和建构一定的教学模式来达到预期目的奠定了一定的基础。由此可以看出，演绎型的体育教学模式的发展是教学模式发展的一个重要趋势，是与教学理论的发展和研究方向相符的，因此改革中要注意保留演绎型的体育教学模式。

（二）重视学生的主体性

传统的教学模式对教师的主导作用的重视程度比较好，但其将教学过程片面地归结于教师的教，而忽略了学生的学，这就使得学生在教学过程中处于被动地位，对学生主观能动性和能力的培养产生了一定的阻碍作用。

随着以学为中心的教学理论的发展，传统意义上的师生关系有了较大程度的变化，他们的地位和作用也有了一定的改变。"教师中心论"逐渐被"教师主导学生主体论"取代。在这种新的教学观的影响下，体育教学模式也进行了一定的改变。具体来说，主要改革趋势为由教师中心教学模式向教师主导学生主体的教学模式转变。教师主导学生主体的教学模式，对于学生创新能力、自学能力和探索能力的培养较为有利，能够在一定程度上调动起学生学习的能动性和积极性。除此之外，还需要强调的是，这与现代人才的培养理念是相符的，因此，可以将其作为体育教学模式的一个重要的改革方向。

（三）注重学生能力的培养

现代社会科学技术发展迅猛，知识增长迅速，终身教育的普及以及竞争压力的不断加大，都对人们的能力提出了更高的要求，单一的知识积累已经不能满足当今社会的需求。因此，在体育教学过程中，必须在教学模式上进行一定的改进，因为只有这样，才能够更好地培养学生的运动能力、一般能力、创造能力、自学能力和社交能力。

另外，在普及九年义务教育初期，就已经开始强调要使学生全面发展德、智、体、美、劳，而且在越来越多的实践活动中，人们已经充分认识到了能力的重要性。在这样的条件下，从强调知识的传授逐渐转向重视能力的培养就成为体育教学模式改革的一个重要方向，这样能够使学生在参与实践活动的同时，对自己有更加全面的认识，从而不断挖掘和培养自身的各项能力。

## 二　体育教学模式的发展趋势

### （一）理论研究的精细化

研究体育教学理论，其目的既在于更好地指导体育教学实践，也在于对体育教学实践起到总结的作用。如果没有理论研究，又或者缺乏体育实践，那么整个的体育教学就会失去意义。因此，必须将体育教学的理论研究与实践研究相结合，来加强理论研究的力度与成效。具体而言，其具有以下发展趋势。

其一，与其他理论相同的是，体育教学模式的研究必将从对一般教学模式的研究走向学科教学模式的研究，再到课堂教学模式的研究。

其二，对体育课堂教学模式的研究趋向于精细化，这包括学期教学模式、单元教学模式、课时教学模式。精细化是体育教学模式研究的必然趋势。

### （二）教学目标的情意化

教学实践研究表明，智力因素和非智力因素对学生的学习活动起着非常重要的作用。现代体育教学模式的不断发展也逐渐对传统教学活动中过于强调智力因素，而忽视非智力因素的作用等状况进行了改善，并取得了良好的效果。现代体育教学模式的目标在使学生增长知识，培养学生能力的同时，更加注重人格教育、品德教育、情感教育与知识教育的结合。随着人们对人本主义心理学越来越重视，学生的情感陶冶也开始备受关注。许多高校已将情感活动作为心理活动的基础，对学生独立性、情感性和独创性进行了更加全面的培养。例如，情景式体育教学模式和快乐式体育教学模式通过问题情境的创设，提高教学过程的新奇度与趣味性，使学生的学习兴趣得到有效激发，从而产生一种强烈的学习动机，这种动机下学习和掌握体育知识技能带有很强的情意色彩。

（三）教学形式的综合化

体育教学形式的综合化是指体育教学模式向着课内和课外一体化方向发展。由于受到时间的限制，课内的时间不能充分培养和发展学生自动化的运动技能与锻炼身体的习惯，这就需要在教学中安排充足的课外时间进行练习和巩固，而课内的主要任务就是学习新知识，并针对错误的动作做进一步改进。只有这样，才能使学生更加熟练地掌握运动技能，实现个体运动技能的自动化。但从目前情况来看，我国各高校对课外体育活动的重视程度相比于体育课本身要弱很多，有的甚至处于放任自流的状态，这对体育教学效果有着非常严重的影响。

从体育教学模式发展的角度来看，由于目前对课外体育活动的不够重视，使得有关这一方面的研究也受到了很大的影响。"课内外一体化"教学模式下。虽然设计了课内与课外相结合的教学，但在实际的运用过程中还不够成熟，也没有形成明确的操作模式。因此，目前并没有将其列入现有的体育教学模式体系中。只有当这种模式的理论与实践发展成熟后，其才能成为一种重要的体育教学模式。

（四）教学实践的现代化

随着现代教育和科技的快速发展，高校体育教育在教学手段方面也得到了很大程度的突破，各种教学实践活动呈现出较为明显的现代化特点，并逐渐实现了对传统体育教学方法的改革和创新。在现代体育教学活动中，先进技术产品和手段的运用也在很大程度上提高了体育教师的授课效率，同时进一步增强了学生的学习兴趣，调动了他们主动学习的积极性。目前，现代体育教学模式已经开始与现代教学技术手段相融合。由此可以看出，在体育教学模式中引入和运用先进的技术手段是其发展的重要趋势。

（五）评价标准的多元化

体育教学模式不同，其评价的方式也会有所差异。随着现代教育改革的不断深入，体育教学模式也发生了较为明显的变化。采用单一的评价方式将很难对某一体育教学模式的科学性做出全面、客观地反映，这就要求在评价时要采用全面的评价方式，所选择的评价指标也必须多元化。

　　传统的体育教学模式过于重视结果评价，而忽视对学生学习和实践过程中的评价，这就使得学生的学习兴趣、爱好、情感反应等方面都很难得到全面的体现和反馈。而现代的体育教学模式逐渐摆脱了单一的终结评价方式，开始重视学生的学习过程评价、单元评价以及学生的自我评价等。

# 第七章

# 高校体育教学评价研究

体育教学活动包含诸多要素，内容非常复杂，对体育教学进行评价有利于体育教学活动的顺利开展，本节主要阐述了体育教学评价的概念、特点与价值、内容以及体育教师教学与学生学习的评价等基本理论，并对体育教学评价的要求与原则、类型与方法以及体育教学评价的规范与落实等进行了详细的研究与分析。

## 第一节　体育教学评价基本理论

### 一　体育教学评价的概念

简单来说，对体育教学活动价值及优缺点做出评价的过程就是体育教学评价，在这一过程中，必须具有一定的教学目标和相应的标准作为其判断的依据。体育教学评价是在系统的调查和分析的基础上进行的，学校和教师以教学评价结果为依据，合理调整体育教学过程的各方面环节。

有学者将体育教学评价的定义界定为：体育教学评价，是按照一定的教学目标，运用科学的教学方法，依据相应的评价标准，对体育教学的过程和结果等给予的价值评判，其目的在于为改进体育教学的质量提供相应的信息和依据，最终实现学生的全面发展。还有的学者认为，体育教学评价是依据体育教学目标和评价原则，对"教"和

"学"两个方面进行的价值判断和测评。

通过对上述定义进行归纳可知，体育教学评价是对结果和过程的价值判断，它既包括对教师也包括对学生的评价，同时，它对教学活动的目标、内容、手段、方法等各方面诸多因素都会进行相应的评价。其评价的重点则在于体育教学的质量和学生的学业成就等。

体育教学评价的具体内容包括体育"教"与"学"两个方面的内容。在体育教学过程中，学生的学习能力、学习态度和学习成绩等方面的变化，都在一定程度上反映了体育教学的结果。对体育教学活动的结果进行评价和分析是对上述内容的评价和分析。因此，对学生的"学"进行评价和分析，也是体育教学评价的重要内容。

总而言之，体育教学评价既包括对体育教师的各方面工作、能力和态度的评价，也包括对学生的学习能力、效果和态度等方面的评价。

## 二　体育教学评价的特点与价值

### (一)　体育教学评价的特点

体育教学评价的特点极其显著，其不仅表现在体育教学评价的总体上，还体现在其目标、方法、主题等方面，具体来说，主要体现在以下五个方面。

#### 1. 体育教学评价的动态性

体育教学改革处于不断更新与发展中，体育教学评价对结果较为重视，同时对体育教学过程评价的重视程度也相对较高。一切体育教学活动都服务于体育教学目的，体育教学评价也不例外。因此，体育教学评价的内容，不仅有对体育教学过程的评价，同时也有对体育教学结果的评价，两者有机统一起来，具体来说，就是在评价过程中，要看这一过程是否有利于达到预定的教学目的，能否取得良好的效果。在评价结果时则要对取得这一结果的方式、手段与过程进行全面充分地考虑。

2. 体育教学评价目标的发展性

体育教学活动以体育教学目标为根本出发点和落脚点，教学目标将体育教学主体的价值观念集中体现了出来，因此可以说，其也是评价体育教学活动成效的基本依据。传统的体育课程评价体系是以运动技能为核心的教育价值观，从这一点来说，一切体育教学活动的出发点和归宿就是对运动技能的掌握。这种认识上的误区会对课堂教学训练化的结果产生直接的影响，从而致使教师在课堂上只重视运动技能的传授，而忽视学生的健康、体育兴趣、态度、能力以及情感等其他方面的发展。当前，以人格和谐发展为核心理念的文化价值观逐步确立起来，并渐渐发展为被全社会普遍关注的、有前景的文化价值理念。这一理念使得体育教学评价的目标开始注重以人为本，在关注学生现实表现的同时，也开始对他们未来的发展表示高度的重视，将学生的长远发展与综合素质的提高视为体育教学评价的主要目的。

3. 体育教学评价主体的多元性

随着新课程改革的实施，作为体育教学评价主体的教师和学生不再处于消极的被动状态，他们都在积极主动地参与体育教学活动，这充分体现了体育教师与学生在教学评价中的主体地位。把体育教学评价变为学生积极参与、自我反思和逐步发展的过程，使教师与学生之间相互理解和支持，并形成平等、积极的评价关系，对于被评价者对被评价的过程进行有效监控以及被评价者认同评价的结果都将是较为有利的，并促使评价主体不断改进，从而获得积极主动的发展。评价过程对参与互动较为重视，通过使学生家长积极参与体育教学评价活动中，使教学评价变为多主体共同参与的教学活动，从而更加突出体育教学评价工作的效果。在体育教学评价中，只有对评价主体的多元化引起重视，才能将学生的发展状况更加全面、准确地反映出来，也才能对学生综合素质的发展起到更好的促进作用。

在以往的体育教学评价中，采用的大都是以管理者为主的单一评价模式，对于评价，学生的态度只是消极被动地接受，因此，可以说，评价在一定程度上给学生的心理造成了相当的压力，从而导致其畏惧评价，甚至产生逃避评价的心理。正是由于缺乏被评价者的积极参与，才导致评价者往往不能准确地发现问题，使评价的发现和改进功能不能得到很好的发挥。由此可见，包括教师、学生、家长、管理者共同参与的交互过程，才是科学的、正确的评价。被评价者成为评价主体中的一员，这样对于评价者和被评价者之间互动的加强，被评价者的主体地位的提高都是较为有利的。

4. 体育教学评价方法的过程性

体育课程的改革发展使得体育教学评价开始不断重视体育教学过程和教学结果。体育教学评价将对学生体育学习过程的全程跟踪与考查作为重心。教师对学生在学习过程中所表现出来的缺点进行分析，同时进行科学地指导，对所表现出来的优点予以肯定，同时也要为他们制订和改进计划提供一定的帮助，并督促其实施，使学生在体育学习过程中不断发展与完善自己。

教师要对学生学习过程中的点滴进步和变化给予密切的关注，对学生日常的学习与发展引起高度重视，同时还要及时给予相应的评价。不断通过口头评价的方式，对学生在学习和参与体育锻炼的过程中的具体表现做出评价，从而有效激发学生对体育学习的积极性，这对于加强教师与学生之间的交流，帮助学生及时了解自己的进步与不足，从而促使其更有效地达到体育课程要求是较为有利的。

通过记录体育学习过程能够使学生对自己的进步过程有更加详细的了解和认识，促使学生及时发现自己的缺点和不足，并通过做记录的方式来进行自我评价，促进自身评价能力的有效增强。将学生平时的成绩与期末成绩相结合，并按一定比例纳入体育教学评价，使学生与家长不再只关注期末考试成绩，这种做法很好地将新课程改革下体育教学评价精神和"以评促学，以评促教，评教结合，教学相长"的评价要求充分体现了出来。

5. 体育教学评价方法的多样性

在体育教学实践中，由于在评价技术和评价方法方面受到一定的局限以及其他因素的制约，每一种评价方法都有自己的长处和不足，也都有特定的适用范围，因此可以说，没有一种体育教学评价方法是万能的。这就要求教师在体育教学评价过程中应以实际需要为主要依据，合理地使用多种评价方法或采用各种方法进行综合评价，从而达到公正、客观评价的目的。比如教师可以通过成长资料袋对学生潜在的发展状况有一个持续的了解；通过仔细观察来对学生思想观点的变化进行关注。这样不仅能够充分发挥各种评价的优势，而且能够通过互相弥补的方式改正自身的缺点，从而使学生的积极主动性得到更好的激发和发展，也使体育教学评价不断实现公正化与客观化。

（二）体育教学评价的价值

1. 激发学生体育学习的兴趣

体育教学评价使得学生对自身的学习状况有了合理的评价，激起其学习的兴趣和积极性，能够使得学生对自身的学习方法进行反思，进而做出更好的调整。另外，通过学生对教师的教学进行评价，能够促使教师对体育教学的各方面做出调整，从而更好地满足学生的需求，促进学生学习积极性的提高。

2. 促进体育教学水平的提高

通过体育教学评价，能够提高教师的教学水平，使得教师对教学过程的设计、教学方法的运用等进行科学的检查，促进体育教学不足方面的改进以及优势方面的发展。

3. 促进体育科研水平的提高

在进行体育教学评价时，需要对各项体育教学工作进行分析和研究，掌握相应的数据和资料，如学生的体质状况、教学方法的应用和革新以及体育教学新技术的效果等。而这些数据和资料为进行相应的体育科研提供了必要的支持，能够在一定程度上促进体育科研事业的发展。

4. 促进体育教学管理的完善

体育教学的过程涉及多方面的管理，如教学资源管理、教师管理、学生管理等诸多方面。通过对体育教学的各方面进行评价，能够更好地完善体育教学的管理体系，促进体育教学管理的优化发展。

### 三　体育教学评价的内容

（一）教师对体育教学过程的评价

体育教师对教学过程或结果的评价是教学质量提高的重要手段，一般可将体育教学评价分为两种评价形式：一种是教师对自身教学状况的自我评价；另一种则是教师之间的互评。教师的教学形式丰富多样，其一般的教学行为都包含在备课、课堂组织、练习指导、学生成绩考核等多种教学活动之中。

针对不同教学行为会有不同的评价标准，如对体育教师的备课情况进行评价时，要看其是否对教学内容和学生的具体情况进行了研究，是否对教学目标、教学内容和教学方法进行准确把握后形成科学的教学方案，其教学方案能否促进学生的全面发展；而对于体育教学的组织情况进行评价时，则应看教师是否能够选择正确的教学方法，调动学生学习的积极性，使学生取得良好的学习效果。

（二）教师对学生学习的评价

教师对学生的学习过程进行评价是体育教学评价的重要方面，也是较为传统的一种评价方式。教师对学生的学习进行评价有两种方式，分别能够起到不同的效果。

其一是对学生学习过程进行评价，从而激励学生努力学习，促使学生改进学习方法，它一般包括对学生的学习态度、投入程度、知识及技能的掌握和运用能力以及合作精神等方面的评价。

其二是对学生学习的结果进行评价，即对学习成绩进行评定，对某一阶段内学生的学习活动进行综合性评价，能够在一定程度上对学生所掌握的相应知识和技能的多少或熟练程度进行评价。

在对学生的学习成绩进行评价时，应结合多种方式进行，综合反映学生的学习成绩。同时，还应注意学生自我评定和学生之间的评定，使得成绩评定更为真实准确。

（三）学生对体育教师教学的评价

现代体育教学评价活动中，学生对体育教师的教学过程进行评价也是其中的重要内容之一，一般可将其分为课堂教学内容和教学方法的实时反馈以及有组织的学生评教活动两种形式。

课堂教学内容和教学方法的实时反馈是非正式的评价活动，学生在学习过程中，通过对教师的教学活动做出相应的评价和反馈，能够使教师更好地把握教学的重点和难点，并为教师选择更好的教学方法提供必要的依据。

学生的评教活动则能够在一定程度上反映教师的能力、教学态度、教学内容和教学效果等各方面的内容，形成对教师教学的综合性的客观评价。在评价过程中，一般会让学生从"责任心""知识讲解情况""关心学生"等方面对教师进行评价。通过这种方式的评价能够更好地促进教学的民主化发展，但是这种方法的弊端在于易出现教师讨好和迁就学生的现象。

（四）学生对体育学习过程的评价

在体育教学中，学生的学习是一个动态的过程，通过学生对体育学习过程进行评价，能够使学生对自身的学习状况进行分析，还能够在一定程度上促成学生民主素养的培养。一般学生对体育学习过程进行评价包括两种形式，即学生的自我评价和学生之间的相互评价。在体育教学过程中，一方面要强调和重视学生的评价；另一方面又不能完全依赖学生评价。

（五）其他评价

其他评价有多种形式，包括专家评价、家长评价、媒体评价及社会各方面的评价等。在体育教学过程中，这些评价可作为一种重要的辅助性评价，为体育教学的改革和发展提供必要的依据。

## 四　体育教师教学与学生学习的评价

（一）体育教师教学评价

作为体育教学活动的直接参与者及实施者，体育教师决定着体育教学活动的质量。对体育教师的教学效果进行评价是提高体育教学质量以及教师的专业素质的重要手段，具体包括对以下两个方面内容的评价。

## 1. 评价体育教师的专业素质

体育教师是体育课程的主导者，他们直接参与体育课程的教学。因此，体育教师素质的高低将直接影响着教学的质量以及学生的发展。一般可将教师的专业素养分为思想政治素质、教师自身发展的素质、知识结构素质和能力结构素质四个方面。

（1）思想政治素质。思想政治素质是体育教师必须具备的基本素质，评价其政治素质是对教师素质进行评价的重要环节。体育教师思想政治素质包括政策的贯彻和执行、工作态度、道德修养、行为习惯等方面。教师的职业道德是思想素质的重要方面，它要求教师对工作积极负责并且尊重学生，对学生一视同仁。对教师的思想政治素质进行评价时，可采用学生评价和教师自我评价等方式。

（2）教师自身发展的素质。教师自身发展素质即教师接受和学习新知识、新技术、新思想的能力。体育教师只有不断提高自身的知识储备，不断学习和进步，才能够适应体育教学发展的要求，才能够推陈出新，不断深化教学研究和教学改革。教师的自我学习能力是其所应具备的基本能力，只有这样，才能够不断满足学生的各项体育需求，才能促进体育教学向着更好的方向开展。

（3）知识结构素质。体育教师的知识结构素质即指教师的知识掌握的广度和深度。教师不仅要掌握基本技能和运动基础知识，还要具有高度的体育专业理论知识，并能够了解体育教学的基本规律和学生身心发展的基本规律。

（4）能力结构素质。能力结构素质即教师完成相应的体育教学工作的能力，如教学的设计、组织以及教学内容的讲解等方面。体育教师的体育教学设计与组织能力较强，就不仅能够科学、合理地安排相应的教学内容，还能够激发学生学习的积极性，促进体育教学活动更好地开展。教师的表达能力较强，则教师能够以形象、生动的语言叙述相应的知识和技能，从而使得学生能够更好地学习。教师的组织和管理能力较强，则能够协调师生之间的关系，并且能够更好地运用各种体育教学资源，促进体育教学活动更好地开展。

体育教师的能力结构素质还包括教师的身心素质。体育教师具有良好的身体素质是保证各项体育教学工作正常有序开展的基本条件。教师的心理素质则主要是指教师思维的敏捷程度、逻辑思维能力以及洞察力等方面。

2. 评价体育教师的课堂教学

对教师在体育课堂中的表现进行评价，是对教师评价的重要方面。在教师的课堂教学评价中，既要注重对教学过程的评价，又要注重对其教学活动的有效性进行评价。具体而言，可从以下六个方面进行评价。

（1）课程标准的贯彻。贯彻课程标准的评价，主要包括课堂教学是否紧紧围绕学习目标进行，教学是否符合课程标准的要求，教学是否完成了课程标准所规定的教学任务与教学内容等。具体而言，其包括教学定位是否准确，教学是否符合学生的身心发展特征，是否符合学生的实际情况等。

（2）教育教学思想。思想决定行为，体育教师应具备正确的教学思想，这样才能保证教学活动的科学性。我国现代体育教学的指导思想具体包括"健康第一"与"终身体育"等。体育教师应将这些思想作为体育教学活动的指导思想，促进学生的全面发展。另外，教师还必须具有创新精神，推动体育教学改革的深化。

（3）教学内容。体育教学的内容即教师在体育课堂上讲授的内容。教学内容既要做到丰富全面，又要做到突出重点。在体育教学实践过程中，应注重体育教学内容安排与教学目标相适应，并且教学内容还要能够促进学生素质的全面提高，使得学生的体能、技能、心理素质、社会适应能力、意志品质等方面得到全面的提高。另外，在体育教学过程中还应注重合理安排负荷量。总之，教学内容应做到科学性与思想性的统一。

（4）教学方法和手段。体育教学手段和方法的评价统称为对教师教法的评价。整体而言，体育教学的手段和方法应符合体育教学原则，教法要具有新意。具体来说，在体育教学活动中，教师要严格贯彻因材施教的教学原则，选择有利于学生身心发展的体育教学方法，激发学生的学习兴趣；所采用的体育教学方法还应该注重发展学生分析问题和解决问题的能力，培养学生的创新思维。另外，教师所采用的教学方法还应更好地促进教师和学生之间的沟通和互动。

（5）教学技能。作为体育教师，体育教学技能是其所应具备的最为重要的能力素质。在教学过程中，体育教师首先应能够科学设立教学目标，使教学目标与体育教学目标、学生实际情况相适应。同时，教学目标还应具有可操作性；体育教师应该充分整合利用多种教学资源，创设良好的教学环境，吸引学生积极参与其中；在教学过程中，体育教师还应该与学生形成良好的互动，并能够用规范、形象的语言进行讲解，示范动作也应做到规范、优美；对于教学过程中的突发事件，教师也应冷静、沉着应对，保证课堂教学的正常进行。

（6）教学效果的评价。对于教师的教学评价最为重要的是对其教学效果进行评价。评价教学效果具体包括教学目标的完成情况、学生的情感体验等方面。具体而言，包括是否能够促进学生知识和技能的掌握，是否能够培养学生的体育锻炼兴趣和习惯以及学生心理素质和意志品质等方面是否能够得到相应的提升等。

（二）学生学习评价

对学生的学习情况进行评价是体育教学评价的重要方面，通过对学生的学习进行评价，能够使教师对教学任务的完成情况进行更好地判定，不仅能够为教学活动提供必要的反馈信息，还能够对学生起到一定的激励作用。具体来说，对学生学习的评价主要包括四个方面的内容。

1. 体质健康

发展学生的健康体质，增强学生的体能是体育教学的重要目标之一。在对其进行体能考核时，可参考相应的《国家学生体质健康标准》中的各项考核指标，针对不同的年级采取不同的考核标准。具体考核内容见表 7 - 1〔摘自《国家学生体质健康标准（2014 年修定）》]。

表 7 - 1　　　初中、高中、大学各年级体质健康测量指标与权重

| 测试对象 | 单项指标 | 权重（%） |
|---|---|---|
| 初中、高中、大学各年级学生 | 50 米跑 | 20 |
| | 坐位体前屈 | 10 |
| | 立定跳远 | 10 |
| | 引体向上（男）1 分钟仰卧起坐（女） | 10 |
| | 1000 米跑（男）800 米跑（女） | 10 |

2. 学习态度

学生的学习态度在一定程度上决定了体育教学的效果，因此，应注重对学生学习态度的考核。通过对其态度进行考核，使学生形成积极向上的学习态度，促进教学活动更好地开展。一般对学生的学习态度进行考核时，可参考以下四方面的考核指标。

（1）是否能够积极主动地参与体育教学活动中来。表现为学生的出勤数。

（2）能否积极主动地思考，为达到目标而反复练习。

（3）能够全神贯注地投入体育学习中。

（4）对教师的指导是否能够虚心、认真接受。

为了科学地测量学生的体育学习态度，可通过亚当斯的体育态度量表来进行测量。学生通过对相应的题目表达"同意"或"不同意"，每个题目确定了相应的加权数，将学生选择"同意"的题目相加，并除以其表示"同意"的题目数，最终确定学生的学习态度。

3. 知识技能

通过体育教学活动，学生需要掌握相应的知识和技能，这是体育教学的重要目标。学生的学习能力、既有知识和经验等方面具有一定的差异性。因此，在进行相应的知识和技能的评定时，也应具有一定的差异性。在对学生的理论知识进行评价时，应注重学生对相应的知

识的理解和综合，注重其对知识的运用能力的考核。在进行技能考核时，一般根据相应的量化指标或是体育竞赛的形式进行考核，如对学生的篮球技能进行考核时，可通过规定次数的投篮进行考核；而对于其综合技战术能力，则可通过进行相应的体育竞赛进行考核。

4. 学生心理健康水平和社会适应能力

体育教学的重要目标之一是促进学生心理健康的发展与学生社会适应能力的提高。积极、乐观、自信，能够很好地进行自我调节和控制，这是学生心理健康状况良好的表现。学生良好的社会适应能力则表现为尊重他人、具有良好的人际交往能力、团队合作能力等。在评价和测量其心理和社会适应能力时，可参考相应的心理学量表进行测量，如症状自评量表（SCL—90）、大学生人格健康调查量表（UPI）等。

# 第二节　体育教学评价的要求与原则

## 一　体育教学评价的要求

### （一）更新评价理念

体育教学评价要不断更新评价理念，建立科学的、符合素质教育的评价理念，确立学校体育教学在素质教育中的地位与作用，明确高校体育教学的具体培养目标，使评价目标符合教育目标，并以此为依据来设计出有关体育教学评价的指标体系。同时，还要做到评价指标更加科学化，所采用的评价方法也具有可操作性，从而使评价体系发挥出正确的导向作用。

素质教育并不是要将考试取消，体育课也不是让学生单纯地练练玩玩，而是要从根本上建立起新的体育教育评价指导思想。要将考评的选拔功能加以适当的淡化，评价要从单一的角度转变为多角度、多方法的综合质量评价，并从中对评价的检验、反馈、激励和全面教育的综合功能给予重视和强化。此外，还要将以往根据考试的内容来进行教学内容与练习内容选择的弊端加以彻底的根除。要做到既要对教师的教进行评价，又要对学生的学进行评价；既要对教学的效果进行评价，也要对教学的过程进行评价；既要对学生体育知识和技能的学习成果进行评价，又要对学生的体育能力培养、身体发展情况，以及意志、思想、学习态度进行评价；此外，还要对体育学习中学生的努力程度和进步幅度等进行评价。

体育教学评价要不断更新观念，要宽容对待每一个学生，要以赞美的语言肯定学生的进步，要以真诚的态度发现学生的闪光点。在评价中强调学生的态度、意识和行为，不仅强调与遗传因素相关较大的体力，还强调积极参与、认真刻苦锻炼；不仅强调知识、技术的记忆和理解，还强调知识、技术的掌握和运用；不仅强调学生暂时的量化成绩，还强调其进步幅度；不仅强调单一方面的评价，还强调自评、互评与教师评价相结合。

（二）注重科学评价

高校体育中普遍存在着学生厌倦体育课的现象。导致学生厌倦体育课的原因是多方面的，如目标设置不合理、教学方法不恰当、教材内容不科学等。其中，最为重要的原因是在教学中统一教育评价标准的错误运用。例如，在田径教学中，有的学生具有良好的速度素质，即便不进行练习也能跑出较好的成绩；而有的学生速度素质并不好，无论怎样刻苦训练也跑不快，这就导致了这部分学生无法看到自身的锻炼效果，从而严重挫伤学习的主动性。根据上述情况，在教学中运用个体化的相对评价是非常必要的。对评价结果进行充分的运用，使学生能够看到自己的进步，以此来对学生进行激励，从而促进全体学生的进步和发展。例如，在对学生进行评价时，使学生只与以前的自己进行比较，从而凸显学生的进步与发展，同时设立优秀学生荣誉表、中等生提高表和后进生进步表，使所有的学生都能够看到自己的进步和提高。

（三）注重个体评价

体育教学评价不能再运用以往的传统评价标准进行评价，而是要重视对学生的个体进行评价，在对学生的体育学习进行评价是要重点强调学生的进步程度。学生的个体素质与兴趣爱好各不相同，个体发展应扬长避短，相应地，个体评价可以扬长补短，使个体和谐全面发展，如对性格开朗，善于交际，但基础不太扎实的学生应在评语中提醒：如果你在基础方面稍加注意，你会更加出类拔萃。相反，对性格内向的学生，可以在评语上这样写：如果你的性格再开朗些，更主动积极地参与体育教学活动和社会活动，你会更加优秀，从而促进学生个体和谐全面发展。

（四）建立有效的体育教学评价制度

体育教师的教学内容受到体育教学评价标准的直接影响。体育教学评价要注重在现在教学的基础上有所提高。体育课程教学必须完善体育教学的评价制度，并且还要实现评价所具有的内外导向功能，体现出体育教学评价所具有的全面性、过程性、简约性、结构性和完整性，这对体育教学有着非常重要的作用。对学生的体育成绩进行考核，既要对学生学习体育知识与技能的效果进行考核，还要对学生的体育能力培养和身心发展给予关注；既要对学生进行体能锻炼所取得的效果进行考核，还要重视培养学生在学习态度、心理、价值观、创新等方面的能力，从而使学生的各项身心素质都能在体育教学中得到一定的发展。在进行体育教学评价时，要对学生的个体差异给予充分的考虑，对学生整个的学习情况进行全面评价，从而更好地提高学生的积极性，并促进学生创新能力的培养。

体育教学目标主要涉及情感、认知、技能等方面，体育学习的过程与结果除了与学生的运动能力、运动技能水平、身体素质有关外，从学生学习的深层动力机制上来看，学生的体育意识、体育态度和合作精神也对其产生影响，同时也对学生养成终身参与体育的习惯和意识有着很大的影响。在对学生的学习情况进行评价时，要舍弃以往竞技体育的评价体系，不能单单依靠跑得快慢、跳得高低、投得远近来评价好坏。体育教学评价应多元化。只有模糊学生的分数，对学生的学习进行全面客观的评价，才能更好地激发学生学习体育的兴趣，进而更好地提高体育课堂教学的质量。

（五）做好体育教学评价的组织工作

进行体育教学评价，需要将可用的人力、物力和财力组织起来，具体应做以下四项工作。

1. 人员培训

组织体育教学评价需要培训的人员包括：参加评价的有关人员，如评价方案的设计人员、评价结果分析人员、计算机程序编制人员等，甚至包括有权决策的管理人员。进行情报资料的收集人员，如测量人员、记录人员、观察与调查人员、发放与回收问卷人员等。通过培训，使所有人员认识明确，思想统一，行动协调一致。对于评价人员来说，在思想上应该清晰地了解以至完全同意评价的目的、目标、方法和步骤，人人能自觉地、积极地参加所分担的工作，一定要通过各种方法途径，对有决策权的领导人员进行科学方法和品德素养的严格训练，使他们了解评价方案、支持评价方案的实施，尊重获得的客观评价信息，以便形成科学的决策，使评价结果产生实践效果。对于收集情报资料的人员来说，通过培训，使他们了解整个评价工作的方法、步骤与要求，了解在收集情报资料过程中可能会出现的各种情况，做好各种应变的准备。培训工作必须认真，保证情报资料的准确性、可靠性和有效性。

2. 专家咨询

专家可以提高评价组织者的评价水平和扩大评价组织者的视野，保证评价的科学性。聘请专家要慎重，一定要聘请与评价内容一致的专家。应聘学术水平较高，为人正直，办事公正，相信客观真理，头脑机能正常的专家。专家成员较多时，应注意有关领域的不同层次的专家的搭配，例如可请系统方法论方面的专家或具体学科教学法方面的专家，可请课程设置方面的专家或具体学科教材编写方面的专家，可请教育统计方面的专家或有经验的体育教师等。各位专家的业务经历和专长不同，可以互相补充，以保证评价更全面、更深刻。

专家咨询应是有组织、有目的、有计划进行的，不应流于形式。

在评价全过程不同的阶段分别组织专家咨询，贯彻始终。

3. 需要运用收集技术和手段

录音、录像、计时等设备要事先准备齐全，还应确保完好、会用以提高使用效率，如录音是用无线话筒进行调频接收，还是配备定向型话筒；录像机摆在教学现场什么位置，才能收到更多学生的学习活动的信息；包括印刷调查表、问卷等，都应事先分阶段、有步骤安排进行。此外，还要协调摄像人员与评价人员之间的关系，要保证实施测试人员使用中性语句，防止出现诱导性语言。

4. 合理分配和使用评价经费

评价工作需要一定的经费。经费充裕与否，直接影响评价工作的开展，最终影响评价的结果。首先，应具备评价项目最低限度的经费，没有这个条件，就不能开展任何的评价活动。其次，要考虑哪些任务必须支出经费，如填写问卷的劳务费、计算机编程费、印刷费等。最后，要保证重点任务的经费开支。

体育教学评价是一项科学性、技术性很强的工作，应做好评价组织工作，明确不同单位、部门和人员的责任，按时按质按量完成各项任务。

## 二　体育教学评价的原则

### （一）客观性原则

在进行体育教学评价时，客观性原则是需要遵循的重要原则之一。对学生的学与教师的教做出客观的价值判断是体育教学评价的目的，如果缺乏客观性，则失去了其真正的意义，而最终导致错误的教学决策。因此，就要求评价的各个方面都要与客观实际相符，具体来说，主要包括测量的标准、方法到评价者所持的态度，尤其是最后得出的评价结果，切忌受主观臆断或个人感情的影响。

在体育教学评价中贯彻客观性原则，需要做到以下三个方面的要求。第一，要求评价者在评价标准方面做到客观，从而使随意性得到避免。第二，要求评价者在评价方法方面做到客观，从而使偶然性得到避免。第三，要求评价者在评价态度方面做到客观，从而使主观性得到避免。

（二）全面性原则

在进行体育教学评价时，全面性原则是必须坚持的重要原则之一。具体来说，主要表现在对组成教学活动的各个方面做到全方位、多角度评价，从而使以偏概全、以点代面的现象得到有效避免。体育教学系统的复杂性和教学任务的多样化，往往能够从不同的侧面反映出体育教学质量，表现为一个由多因素组成的综合体。鉴于此，就要求必须多角度、全方位地评价教学活动。另外，需要强调的是，在评价过程中，应善于把握主次，区分轻重，抓住主要矛盾，将重点放在决定体育教学质量的主要环节与主导因素上；与此同时，还要将定量评价和定性评价有机结合起来，使其相互参照，从而对客体的实际效果进行全面准确的评价。

（三）科学性原则

科学性原则是体育教学评价必须遵循的重要原则。具体来说，就要以客观规律为主要依据，实事求是，努力实现评价方法、标准以及程序的科学化。在进行教学评价时，要将经验和直觉的影响力降到最低，正确的做法是以科学为依据。只有科学合理的评价才能将体育教学的指导作用充分发挥出来。科学性的要求主要体现在两个方面，一个是评价目标、标准的科学化，另一个则是评价方法和程序的科学化。

在体育教学评价中贯彻科学性原则时，要做到以下三个方面的要求。第一，应从教与学相统一的角度出发，以体育教学目标体系为依据，将统一合理的评价标准确定下来。第二，要将先进的统计方法与测量手段进行推广并使用，同时，还要认真严谨地对获得的各种资料和数据进行处理。第三，要对编制的评价工具进行认真的预试、修订与筛选，并且要求在达到一定的指标后，才能在实践中进行广泛的运用。

（四）指导性原则

在进行体育教学评价时，还要遵循指导性原则。具体来说，就是不能就事论事，而应把评价和指导有机结合起来，要先使评价者对自己有全面的了解，以有效指导自身以后的发展。换句话说，就是要认真分析评价的结果，从不同角度来将因果关系找出来，将问题产生的原因找出来，并通过信息反馈，使被评价者明确今后努力的方向。

在体育教学评价过程中贯彻指导性原则，需要做到以下三个方面的要求。第一，必须在一定数量的评价资料的基础上进行指导，从而使缺乏根据地随意评价和表态的现象得到有效避免。第二，要做到及时反馈，指导明确，一定要避免含糊其辞和耽误时机，使人无所适从的现象。第三，要具有启发性，留给被评价者思考与发挥的余地和空间。

# 第三节　体育教学评价的类型与方法

## 一　体育教学评价的类型

（一）按评价目的分类

1. 选拔性评价

选拔性评价的目的是根据需要制定评价标准，通过测试评价，在群体中选拔适合该工作的对象。选拔又分为综合性和专门性评价两种。学生的体育高考就是一种典型的综合性的选拔性评价。通过测试考生各项身体素质和专项水平，将学生划分为一定分数等级，为选拔做准备；而运动员选材则属于专门性的选拔性评价，主要是根据专项的要求确定测试指标，进行选拔。

2. 甄别性评价

甄别性评价属于终极性评价的一种特殊形式。它把评价的结果视为教学成功与否的标准，强调对学生学习结果的甄别和选拔功能。因此，甄别性评价和应试教育、精英教育的观念一脉相承。甄别性评价的目的就是判断个体在群体中的位置和个体所具有的特殊能力水平。

3. 发展性评价

发展性评价的目的是通过评价促进对象发展的一种积极评价方式。这种评价广泛应用于各种体育评价之中，尤其是针对人和人的行为评价要重视应用这种评价方式。发展性评价的重要特征是发现对象的长处，应用标准要有针对性，评价语言积极向上，重鼓励。对学生、运动员的学习和训练竞赛评价尤其要注意采用这种方式。

（二）按评价内容分类

1. 过程评价

过程评价是在体育教学过程中对达到体育教学目标的方法和手段的评价。它主要是对为实现目标所采用的方法和手段进行检查。例如，完成某一体育教学目标，用游戏法还是用竞赛法；完成某个动作技能的教学，用完整法还是用分解法；学生学习某种技能，是自己探索发现还是在与同伴的协作、讨论中获得。因此，过程评价往往是在体育教学过程或体育教学设计过程中进行的，它既用于完成还需要修改的形成性评价，也用于完成体育教学过程中对时间、费用、学生接受情况等方面的总结性评价。

2. 结果评价

结果评价是对体育教学活动实施后的效果评价。例如，某体育教学方案的实施效果或某计算机辅助体育教学软件的使用价值。结果评价主要侧重于完成总结性评价的功能，此外，它也可以提供一些有关形成性评价的信息。

（三）按评价分析方法分类

1. 定性评价

定性评价侧重于对"质"的分析，是对优劣程度的评判，一般用评语或符号表达。

2. 定量评价

定量评价即从"量"的角度进行的分析。通过采用多种方法获得相应的资料和数据，然后做出客观、精确的评判。

（四）按评价功能分类

1. 诊断性评价

诊断性评价是指以了解学生学习的基础以及查明制约学生学习进步的原因为目的而进行的有针对性的检测与评判。它包括验明问题和缺陷，确定学生在学习中是否存在困难，造成困难的原因有哪些，同时还包括对各种优点与禀赋、特殊才能等方面的识别。

2. 形成性评价

形成性评价是指为使体育教学效果更好而对学生学习的过程与阶段性结果所进行的检查和评判。它可在一个新的体育教学方法实施后、一个新的体育教学内容初步完成后或一些新的身体锻炼手段使用后进行。

3. 总结性评价

总结性评价是在一学期或是教学阶段结束后对学生学习结果的检查和评判。检查学生的体育知识、身体活动能力以及技术技能取得了哪些进展。总结性评价注重的是教与学的结果。

## 二　体育教学评价的方法

体育教学评价可以采用的方法有很多，其中，运用较为广泛的评价方法主要有观察法、问卷法以及测验法，这些方法都有着各自的特点和适用范围，这就要求以实际情况和需要为依据进行有针对性地选择和运用，通常，将这几种方法进行综合运用往往能够取得理想的评价效果。

（一）观察法

所谓观察法，是指评价者有目的、有计划地通过对体育教学评价对象的活动所进行的系统、深入的教育观察，以搜集评价资料的一种方法。通过这一方法，能够有效获得许多其他方法很难得到的很有价值的第一手资料。比如，在体育课堂教学评价中，要想对师生活动、教学的气氛、教师的示范等指标有进一步的了解和认识，为做出中肯评价提供可靠依据，就必须深入课堂、进行实地观察，否则将会很难取得理想的效果。

可以说，在体育教学评价中，观察法不仅是获取信息的重要方法，同时也是搜集学生或教师个体心理活动状态资料的重要途径，尤其是在学生体育素质评价及教师教学评价中，这种直接观察搜集资料的方法的作用是其他间接方法无法比拟的，因此，受到评价者的高度重视。

（二）问卷法

所谓问卷法，是指教育评价主评人员通过书面形式向被调查者提出经过严格设计的问题，要求被调查者回答问卷，从而获取评价信息的一种方法。这一方法在体育教学评价中应用较为广泛。问卷法之所以被作为在体育教学评价的重要方法之一，主要是因为其是通过书面形式进行调查的，其自身的诸多鲜明的特点是其他方法所不能替代的。除此之外，还需要强调的是，其在编制和实施等方面的要求也是非常严格的。

问卷法的特点主要体现在三个方面：第一，参加人员具有隐蔽性，能够有效保证调查的真实性和客观性；第二，问卷发放具有取样的广泛性，这对于搜集信息的效率的提高、信息的有效性和可靠性的保证是较为有利的；第三，具有时间范围的可调节性。

（三）测验法

所谓的测验法，即通过考试、技评和达标等形式，搜集学生的体育学习反应、学习行为的综合结果的一种方法。可以说，测验法是有组织、有计划、针对性较强、定量化获取体育教学信息的工具与途径。体育教学评价中对测验法的应用主要体现在以下四个方面。

1. 体育理论知识的测验

在体育教学中，学生要学习的内容有很多，其中，较为主要的有体育文化知识、运动技术原理、体育技术、竞赛规则、生理卫生保健知识等。要对体育理论知识进行测验，需要把握住其重点，具体来说，就是全面、系统、综合性地检查和评定学生所学的基础知识和灵活运用这些基础知识的能力。一般来说，笔试、口试等是常用的测验方式。

## 2. 身体素质测验

所谓身体素质，即人体在运动中所表现出的力量、速度、耐力、柔韧性及灵敏度等方面的机能能力。身体素质的测验在体育教学中的意义和作用是非常重大的，具体来说，主要表现为把学生的身体素质状况反馈于体育教学，为改进教学提供科学的依据，一般情况下，其为客观测验。

## 3. 运动技术的测验

不管是什么样的运动，都有其专项技术。这就要求学生对这些专项技术进行熟练掌握，然后在此基础上进行运动，从而将其机能水平和运动水平有效地展示出来。以技术动作规格为主要依据，对学生所学习的技术动作的情况做出客观的测评，这就是运动技术的测验。对运动技术的测评通常可以分为两种：一种是以测量中获取的客观数据为准的客观测验（达标测验）；另一种则是对技术动作质量的技术评定。

## 4. 体育情感行为测验

情感行为包含的内容非常多，其中，人的兴趣、态度、情趣、动机、价值观以及个性和群体行为特征等是最主要的。人的情感行为也在一定程度上影响到体育教学，而体育活动也对人的情感行为发生变化起到一定的作用。通常情况下，情感行为的测量工具为量表。

# 第四节　体育教学评价的规范与落实

体育教学处于不断的改革与发展中，在这一改革与发展过程中，人们也逐渐开始关注体育教学评价的有关问题。体育教学评价的指标体系、方法与模式在新课程改革之后逐渐增多，甚至有一些依靠计算机操作的评价软件也开始出现，这一点充分表明，体育教学评价的科学化、精确化与系统化在不断增强。然而，不能只在理论层面上来研究体育教学评价的指标与方法，更要从实践上来运用这些评价指标与方案，这样才能提高体育教学评价的实践意义。

具体来说，体育教学评价的规范与落实应主要做好以下四方面的工作。

## 一　建立科学的体育教学评价指标

体育教学目标从系统论的角度来看，其应该具有科学性、简便性与易操作性，但因为体育教学评价是对体育教学目标完成程度进行考核的一个方法，所以，体育教学评价也应像体育教学目标的特征一样，简明、科学并有利于操作。尽管最近几年有体育教学评价指标的研究逐步被重视起来，然而有很大一部分评价指标依旧存在着大量的缺陷，如评价指标比较复杂繁多、不易于操作或操作起来要花费很多的时间与精力等。所以，建立体育教学评价面临着一个艰巨的任务，即既要科学实施，又要充分考虑我国的国情。总的来说，评价指标的建立应主要做好两方面的工作：一方面，要从理论上加强对体育教学评价体系的研究；另一方面，要从实践上对体育教学评价进行有效改革。在建立评价指标的过程中，不仅要立足我国国情，而且还要对外国体育教学评价的成功经验加以借鉴，使体育教学评价指标体系既具有中国特色，又具有"国际风范"。

下面主要详细分析科学建立体育教学指标的主要环节与步骤。

（一）初步拟定指标

研究者以体育教学评价目标为依据，通过自身对体育教学的理解与实践教学来对指标进行初步拟定。具体的拟定方法如下。

对因素进行分析，逐级分解评价指标，分解时要以评价内容的内在逻辑结构为依据，逐级分解后的因素就是对评价指标进行初步拟定的方法。评价指标的分解顺序是高层—低层。级别越低的因素越具体，直到能够观测被分解的因素后停止分解，一个从第一级开始逐步往下排列的指标体系就形成了。

（二）筛选拟定指标

体育教学评价指标在初步拟定后还不够简单、明确，因此，为了保证评价指标的简约性与科学性，要合理筛选初拟指标。经验法是对评价指标进行筛选的主要方法。

以个人或集体的经验为依据归类与合并评价指标，对评价指标进一步加以确定的方法就是所谓的经验法，具体包括个人经验法与集体经验法。

1. 个人经验法

个人经验法，是指对评价指标进行设计的个体以自己的经验为主要依据，运用思维的方式（比较、排列、组合）加工初步拟定的指标，决定评价指标的去留。个人经验法方便操作，但受到个人经验的影响，被筛选的评价指标通常具有片面性，这是个人经验法的主要不足之处。

2. 集体经验法

集体经验法也就是运用问卷调查的方式进行统计的方法。与个人经验法相比，集体经验法有利于克服个人经验的片面性与局限性，相对具有更高的科学性，因此，在对拟定指标进行筛选时要注重对集体经验法的使用。

（三）权衡指标分量

确定体育教学评价指标之后，要对评价指标在体育教学评价中的重要性进行科学、正确地衡量，也就是对评价指标的分量加以权衡，从而使评价指标的重要性和地位确立下来。权衡评价指标重要性的方法主要有如下两种。

1. 依靠集体的力量加以权衡

依靠集体的力量加以权衡，这里的集体主要包括学校体育研究人员、教育部门的相关工作人员、学校体育部门领导以及体育教师等，依靠这些人员的经验与力量，对评价指标在评价内容中的重要性进行了解，从而为评价指标的权衡提供依据。依靠集体的力量加以权衡比较全面、科学，但很容易因为意见不同而影响权衡结果的统一性。

2. 两两比较加以权衡

将评价指标进行分组，两个指标为一组，有关工作人员对比和评判同一组两个指标的某一特征，运用矩阵形式表示比较与判断结果，从分析结果中对指标的优先顺序进行明确，评价指标的重要性也就一目了然了。

（四）确定评价标准

前三个环节做好之后，就要对体育教学评价标准进行最终确定了。体育教学评价标准的设计过程如下。

1. 标度的设计

定量与定性是表示标度的两种方法。通常用具有描述性的语言（熟悉、不熟悉，了解、不了解）来表示定性标度。

2. 标号的设计

对标度加以区别的符号就是标号。确定标度后，要用一些区别性的符号（优秀、良好、中等、合格、不合格等）来表示标号。

## 二　重视体育课堂教学的质量

学校体育教学离不开课堂教学这一形式。体育课堂教学的质量随着新课程的改革越来越多地受到关注。

在有关体育课堂教学评价的研究中，一些成功的经验与具有实质性意义的建议被我国的研究人员纷纷提出，然而，这些经验与建议在体育教学实践中并不具备很高的操作性。因为体育课堂教学的评价主体存在着或多或少的差异，很难运用量化标准对课堂教学质量做出定量评价，因此也就很难反映出体育课堂教学的实际情况。所以，研究人员与有关学者一定要重视对体育课堂教学质量的评价，积极研究科学合理并具有可操作性的评价方法，促进体育课堂教学质量的有效提高。

## 三　发挥体育教学评价反馈与指导功能

体育教学评价具有两个基本的功能，即反馈功能与指导功能。评价主体在对体育教学做出评价的过程中，不仅要考虑体育教学评价的相关因素，同时也要考虑与体育教学相关的一些要素，因为评价是为完善体育教学服务的。在对体育教学做出评价之前，首先要确立体育教学的目标，并以此为依据进行教学评价。体育教学评价的结果能够比较准确地反映出教学目标的设定是否合理。一般会出现如下两种评价结果。

第一，体育教学评价的结果是良好的，这就说明之前制订的体育教学目标是较为合理的。

第二，体育教学评价没有取得理想的评价结果，这就说明之前制订的教学目标与为教学而做的准备工作不合理，需要重新对体育教学工作的各个环节进行有效的调节。

### 四　分别建立体育教师与学生的评价体系

体育教学包含两个方面，即教师的"教"与学生的"学"，所以体育教学评价要从两方面入手，一方面是教授评价，另一方面是学习评价。当前，对学生学习评价的研究比较全面，对教师教授评价的研究较为片面，其主要注重对教师课堂上教授情况做出评价，从这一点来看，体育教学两个方面的评价目标就难以实现了。鉴于此，有关专家与学者要对教师的教授评价与学生的学习评价进一步加强全面研究，并分别建立体育教师与学生的评价体系，实现体育教学评价的全面性与科学性。

# 第八章

# 高校体育教学管理研究

　　体育教学管理是高校体育教学中的一项重要内容，对高校体育教学的顺利进行和教学效果产生着重要的影响，因此，对高校体育教学管理进行研究是非常重要且必要的。本章主要对体育教学管理理论、体育教学活动和教学人管的管理以及体育教学管理的完善几个方面的内容进行详细的分析和阐述。

## 第一节　体育教学管理理论

### 一　体育教学管理原理

（一）人本原理

　　一切管理活动均应以调动人的积极性，做好人的工作为根本，同时，也要求管理者在管理活动中做到以人为根本，这就是所谓的人本原理。

　　作为管理活动的核心和主体，人在体育教学管理系统中有着非常重要的地位和作用，且是不可替代的，因此，这就要求以人为本，对人的工作态度、工作动力、工作能力的观察和挖掘引起高度的重视，以人的能力水平为主要依据来对工作进行合理的安排，从物质、精神、信息等方面为工作人员提供动力支持，使人性得到最完善的发展，从而对体育管理活动的顺利开展起到积极的促进作用。

（二）系统原理

管理是一个大的系统，在该系统中包含的要素有很多，这些要素之间并不是相互独立的，而是相互依存、相互联系的。它们按照一定的结构动态地相互结合在一起，依据整体目标的要求进行组合。通过对系统理论的运用，细致地对管理对象进行系统的分析，从而使现代科学管理的优化目标得以实现，这就是所谓的系统原理。

以系统原理为依据，可以将体育管理的管理原则总结出来，然后将这些原则应用于体育管理，能够对体育管理工作的顺利完成起到积极的促进作用。具体来说，管理原则主要有以下三个方面。

1. "整—分—合"原则

对整体工作进行详细的了解，并且在此基础上，将整体分解为若干个基本要素，进行明确分工，使每项工作得到进一步的规范，同时，还要建立责任制，最后将所有的事项进行科学的组织综合，最终达到提高管理功效的目的，这就是所谓的"整—分—合"原则。

2. 优化组合原则

要对体育教学系统各要素进行科学的组合（组织、目标、人才、环境的优化组合），否则，教学管理系统整体的效益的提高就会受到不同程度的影响。

3. 相对封闭原则

管理系统包含着两个方面的关系，一种是系统各要素之间的关系，另一种是相关系统外部之间的关系。有效管理运动的形成，与使系统内的管理手段、措施构成一个连续的封闭回路，进而构成完整的管理有着非常密切的联系。

（三）动态原理

动态原理是指系统管理目标的实现受到包括人、财、物、时间、信息等在内的多种因素的影响，再加上管理对象的变化，系统的计划、组织、控制、协调等各个环节必须以此为依据进行相应的变化，从而较好地适应管理对象的变化，保障管理目标的实现。

在体育教学中，动态原理要求管理者在管理中要给予下级一定的权力，保证管理的弹性，从而为及时采取应对措施提供一定的便利，使管理活动的正常进行得到有力保证。此外还需要强调的是，要对管理过程中反馈信息的收集与控制引起高度的重视，通过信息的反馈，对未来的行进速度进行控制，从而最终实现管理目标。

（四）效益原理

体育教学管理要想实现管理效益的最大化，对各个环节、工作进行管理时，以提高效益为中心，科学节省地、有效地使用有限的人力、财力、物力、智力和时间信息等资源是非常重要的，这也就是所谓的效益原理。

从本质上来说，效益就是管理的根本目的，因此，也要重视体育教学管理中对社会经济效益的实现，确定好管理活动的效益观，从不同的主体和不同的角度去对管理效益进行评估，并在管理过程中对影响管理效益的各因素的关系进行及时的协调，从而为最佳效益的实现起到积极的促进作用。

## 二　体育教学管理的概念与要素

（一）体育教学管理的概念

体育教学管理是一项系统的、综合性的工作，是具有一定管理权力的组织和个人对体育教学的人、财、物、信息和时间等方面进行的综合性的管理。具体而言，体育教学管理包含的内容主要有控制、监督、组织、协调、计划等几个方面。

体育教学管理是一个系统的过程，除此之外，其工作涵盖的内容也较为广泛，涉及体育事业的各个方面。作为一项综合性的活动，体育教学管理各个子系统与体育管理总目标保持着一定的一致性。在体育教学管理过程中，各个系统之间有着较为密切的关系，具体表现为相互影响、相互制约，共同为体育教学管理总体目标的实现起到重要的促进作用。

体育教学管理是一个周期性的活动，通常情况下，可将其分为三个阶段。其中，第一阶段为计划阶段，这是体育教学管理的首要阶段。对教学和管理中的问题进行分析和预测，确定体育教学管理的目标，并进行相应的决策等，是这一阶段的主要工作内容。第二阶段为管理的实施阶段，这是管理过程的中心环节，教学管理的组织、指导、协调、检查和监督，是这一阶段的主要工作内容。第三阶段是体育教学管理的最后阶段，对体育教学管理开展对比、总结和评价等，都是这一阶段的主要工作内容。体育教学管理的管理周期就是由这三个阶段构成的，需要强调的是，这三者之间是相互促进、相互联系的关系。

（二）体育教学管理的要素

体育教学是一项涉及多方面的复杂活动，为了更好地对其管理工作开展研究，可以将其基本要素大致分为以下三个方面。

1. 体育教学管理的主体

体育教学管理的主体一般为管理活动中承担相应的管理职能的人或是相应的组织，具体来说，就是学校体育教学管理机构。管理者在体育教学的管理过程中处于主导性的地位，他们的主要职责及工作内容包括：体育教学管理过程中的计划制订、实施以及相应的监督、检查等几个方面。

管理者的类型有很多种，可以进行不同的划分，比如，可以以相应的管理办法为依据来构建相应的管理机构，对教学过程实施科学的管理。体育管理机构中管理者的个体素质，以及由这些管理者组合起来所形成的集体素质结构，在很大程度上决定着体育的发展，因此，这就要求一定要重视管理者素质的培养与提升。

2. 体育教学管理的对象

各种管理活动的承受者就是体育管理的对象，但是，这里所指的对象并不仅仅是人，财、物、时间、信息等各方面也是其中的重要方面。从体育教学管理的角度上来说：其所指的管理对象中的人主要是基层学校体育工作的操作者；财方面的管理主要是指对体育教学经费的管理，使体育教学经费能够得到合理使用，同时也创造一定的经济效益；物方面的管理主要是对体育教学过程中所使用的场地、器材设备进行的管理，保证这些设备的合理使用，尽可能提高其使用效率；时间方面的管理则是对体育教学的时间和进度进行科学、合理安排，使单位时间内的办事效率得到有效的提高；信息方面的管理则主要是对包含学生的各项生理指标、运动成绩等内容在内的体育教学过程中的各方面信息的管理，通过对这些信息进行有效整合、存储，使体育教学工作的效率得到有效提高。

3. 体育教学管理的手段

管理者为实现体育教学管理的目标所采取的方法和措施，就是所谓的体育教学管理手段。体育管理手段是体育管理活动赖以进行的条件和方式，其内容主要有宣传教育手段、行政手段、法规手段、经济手段等几个方面。

通常来说，作为体育教学管理中的核心要素，人在体育管理的目标、计划、决策方案等的制定和实施中都起着不可替代的重要作用。因此可以说，人是体育教学管理的核心，对体育教学管理目标的实现影响是非常大的。这就要求通过多种手段的运用，来达到使人的积极性和主动性得到显著提高的目的。

### 三　体育教学管理的特点与方法

（一）体育教学管理的特点

1. 教育性特点

作为我国教育系统的重要组成部分，体育教学对学生体质健康水平的改善和学生素质的提高都会产生非常重要的作用和影响。因此，这也就赋予了体育教学管理一定的教育性特点。在体育教学管理过程中，应坚持"以人为本"的原则，为学生各方面的发展和提高起到积极的促进作用。

作为教育的一个重要组成部分，体育教育也有着较为显著的教育性特点，因此，其也赋予了体育教学管理一定的教育性特点。我国体育教育教学的总体目标是"以人为本"。因此，现代体育管理也应突出其"育人"的特点，在育人的基础上，将管理者的积极性、主动性充分调动起来，从而为体育管理效益的不断提高创造有利条件。

2. 方向性特点

体育教学管理应具有一定的方向性，以科学的理论作为开展工作的指导思想，并且贯穿于管理过程的始终。换句话说，体育教学管理的方向性特点，主要表现在：在体育教学管理过程中，坚持马列主义、毛泽东思想、邓小平理论、"三个代表"思想和科学发展观作为指导思想，全面贯彻和执行党的教育方针，为实现学校教育的总目标服务。

3. 系统性特点

在体育教育管理系统运行过程中，会面临着多方面的问题，要想对体育管理系统的发展起到积极的推动作用，就需要对相应的问题进行细致的分析并解决。在体育教学管理过程中，应该遵循系统性原则，从管理工作的整体来把握和控制体育教学管理动作，进行科学、合理的宏观调控，使得系统的各方面都能够良性发展，从而形成一个强有力的整合系统。具体而言，高校体育教学管理包含的内容涉及人、物、信息、时间四个方面，而管理工作也是围绕这四个方面进行的。因此，为了保证体育教学管理的效果，要求在管理过程中对这四个方面的关系进行灵活的协调。

4. 阶段性特点

高校学生的年龄特点以及高校体育教学的年度教学特征，都在一定程度上对体育教学管理有着一定的影响和制约。这就要求高校体育教学在管理过程中，以不同的教学阶段为依据来开展相应的阶段性体育教学管理工作。因此，体育教学管理具有鲜明的阶段性特点。这里需要强调的是，虽然体育教学管理具有一定的阶段性特点，但是各个阶段之间同时也还具有一定的连续性特征，因此，要求管理工作要循序渐进地进行，逐步提高。

（二）体育教学管理的方法

1. 行政方法

依靠各级管理机构和领导者的权力，通过行政手段的运用，来以行政系统规范为依据进行管理活动的方法，就是所谓的行政方法。行政方法有着非常重要的作用和意义，具体来说，其是由行政管理系统采用命令、指示、规定、指令性计划和职责条例等行政手段，对其各子系统进行调节与控制的一种方法。由于该方法是由上级发布命令，下级则要服从上级，上下级之间的关系非常清晰，因此，这就要求在运用行政方法时，应严格遵循本部门的实际和管理活动的规律。除此之外，为了进一步提高体育管理的质量，对管理功效和管理目标的实现起到积极的促进作用，在行政方法的运用上也对上级领导者的领导素质提出了较高要求，具体表现在两个方面：一方面要求领导者具备较高的理论政策水平，另一方面要求应具备较强的组织管理能力。

行政方法有着较为显著的特点和作用，具体来说，主要从以下五个方面得到体现。

（1）针对性。在运用行政方法时，由于管理对象不同，具体的目的和实践也会有所差别，这就要求以此为依据，进行有针对性的改变。具体来说，这里所说的针对性特点主要在实施的具体方式、方法上得到体现。由此可以看出，行政方法也具有一定的局限性，并不是对所有的管理对象都有用的，往往只对某一特定时间和对象有用。由此可以得出，在运用行政方法进行管理活动时，要客观看待行政方法，既不能把它看成是唯一的方法，也不能不顾对象、目的和时间的不同而滥用，否则不仅不会取得理想的效果，甚至还会起反作用。

（2）强制性。行政方法有着一定的强制性特点，究其原因，主要是由于行政方法是通过各种行政指令来对管理对象进行指挥和控制的，这些指令是上级组织行使权力的标志，下级必须贯彻执行。这里需要对这种"非执行不可"的强制的意思进行进一步的解释，其与官僚主义的强迫命令有着本质上的差别，具体来说，行政方法的强制性对人民的要求是在思想上和行动上服从统一意志，强调原则上的高度统一。

（3）稳定性。稳定性也是行政方法的一个显著特点，主要是由于行政管理系统具有严密的组织结构、统一的目标、统一的行动、强有力的调节和控制，能有效抵抗外部因素的干扰。

（4）权威性。权威性是行政方法在体育管理过程中所体现出的重要作用。究其原因，主要是由于管理者的权威在很大程度上决定着行政方法是否有效，所发出指令的接受率以及上下级之间的沟通。因此，在运用行政方法时，为了保证良好的管理效果，需要不断地完善和健全各级体育管理机构，强化职、资、权、利的有机统一，努力提高各级管理组织和管理者的权威性。

（5）纵向性。纵向性也是行政方法的显著特点。这一特点主要体现在：行政命令的传达执行通常是通过垂直纵向逐层进行的。而且，下级只服从顶头上司，下一层次只听上一层次的指挥，对横向传来的命令、规定等，基本上可以不予理会。由此可以看出，行政方法的运用通常表现为上级对下级的指挥和控制，其强调纵向的自上而下，反对通过横向传达命令。然而，在实际的体育管理中，一些横向传达指令的情况也会出现，因此条块矛盾、多头指挥等问题经常产生，从而使行政指令失灵或无效。鉴于此，在体育教学管理中运用行政方法时，应注意做好沟通和协调工作，从而使管理目标的最终实现得到有力的保证。

2. 法律方法

所谓法律方法，即运用法律、法令、条例、决议和章程等各种形式的法规对体育教学进行管理的一种方法。法律方法也是一种运用较为广泛的方法。

体育教学管理的法律方法也有着一定的特点，主要表现为普遍性、强制性、阶段性和规范性等。与此同时，法律方法的作用是需要重点强调的，具体表现在以下三个方面。

（1）对各种管理关系进行规定和调节。在体育教学管理中，法律是各种利益关系依据一定规范进行有效调节的依据，尤其是在规定和调节不同行政管理系统、不同管理层次关系等方面，法律方法更具有特殊的制约作用，能够使那种互不买账、互相推诿的不良现象得到有效的制约和消除，从而为体育管理工作的顺利开展起到积极的促进作用。

（2）使正常的管理秩序得以维护。在体育教学管理中运用法律方法的一个重要原因和目的，就是维护正常的管理秩序。正常的管理秩序，对于体育管理系统功效的提高，顺利实现体育管理目标都是较为有利的。而体育管理功效提高的关键又在于人、财、物、信息等的合理流通。因此，这就要求把这种合理流通方式通过法律形式规定下来，通过法律规范来对各种关系进行有效的调节，从而建立起正常的管理秩序，使整个竞技体育管理系统按照法律规范正常有效地运转，这样一个良性循环的运行机制就逐渐形成了。

（3）对竞技体育的发展起到促进作用。法律能够使竞技体育的发展得到有力的保证，具体来说，法律的保护主要体现在运动员的选拔、培养以及退役与安置，运动场馆设施的设计及建筑、体育场馆的管理和使用等几个方面。与此同时，法律对于对管理中责、权、利不清，信息不通，人、财、物浪费等那些有碍竞技体育发展的因素有着严格的保护和严厉的制裁作用，这对于竞技体育的发展具有非常积极的意义。

3. 经济方法

以客观经济规律的要求为依据，通过经济手段的运用，对各种不同经济主体利益之间的关系进行适当的调节，从而使体育管理目标得以实现的一种方法，就是所谓的经济方法。这里所说的经济手段主要包括价格、税收、信贷等宏观经济手段和工资、奖金、罚款、经济合同等微观经济手段。在体育教学管理过程中，经常采用的经济方法主要有工资、奖金、罚款等几种。

经济方法有着较为显著的特点，具体体现在以下三个方面。

（1）间接性。经济方法对集体与个人行为的控制和干预并不是直接实施的，而是通过对各方面经济利益的调节来进行的，是间接性的，因此，这就体现出了经济方法的间接性特点。运用经济方法的主要目标在于调动积极性，提高工作效率。这一目标的实现是通过对人们的价值取向和行为的引导、激励而实现的，这也是其间接性特点的体现。

（2）有偿性。经济方法的运用是有一定条件的，具体体现在两个方面：一方面，要求组织之间的经济往来应根据等价交换原则，实行有偿交换；另一方面，在对个体的管理上，对劳动成果与获取报酬之间的关系非常重视。因此，在体育管理工作中运用经济方法，要求必须综合运用多种方法，对思想教育进行强化，从而达到使广大员工围绕共同的目标团结奋斗的目的。

（3）关联性。在体育管理中运用经济方法，有着影响面宽、涉及的因素多的显著特点，除此之外，每一种经济手段的变化都会对体育系统内部多方面的连锁反应产生一定的影响。因此，这就要求在体育管理中运用经济方法，应对具体管理对象的特殊性质有着熟练地掌握，同时对未来发展的预测引起足够的重视，充分发挥经济方法应有的作用。

4. 宣传教育方法

宣传教育方法是在体育教学管理中广泛采用的一种管理方法。具体来说，所谓的宣传教育方法，就是通过宣传和教育等方式，使人们围绕着共同目标而采取行动的一种方法。宣传教育方法的运用并不是凭空实现的，而是在一定的依据的基础上进行的，具体来说，人们对思想活动的发展规律的正确认识就是其重要的客观依据。在体育教学管理中，采用灌输、疏导和对比等教育工作方法是使管理目标得以实现的有效方式，这些方法能够将行政管理人员、教练员和运动员的工作热情有效激发出来，可以说是各项工作进行的前提，有着非常重要的作用。除此之外，宣传教育方法对其他管理方法的综合运用还起着宣传、解释的优化作用。

宣传教育方法有着较为显著的特点与作用，具体来说，主要表现在以下四个方面。

（1）疏导性。宣传教育方法的疏导性主要表现为其能够通过宣传教育的方式，动之以情、晓之以理，对人们的自觉性进行积极的启发。以被管理者的思想问题为依据，有针对性地采取回避或捂堵的方式是不能奏效的，严重时还可能使双方的矛盾进一步激化。因此，要想取得理想的教育效果，就需要做到因势利导。

（2）先行性。宣传教育的先行性主要从两个方面得到体现：一方面，通过宣传教育，能够使被管理者对管理方法和决策有充分的了解，同时还可以对自己的配合行动进行一定的了解；另一方面，在管理过程中各项决策实施之前，通过宣传和教育，能够对人们可能产生的各种反应进行有效的预测，以此为依据，能够有针对性地制定相应的宣传教育措施予以预防，从而强化其正面效应，同时也使可能产生的不良效应得到有效的抑制。

（3）灵活性。宣传教育的灵活性在很多方面都有所体现。在不同的时期，不同的管理对象，其思想基础、性格类型、价值观念和需求等方面也会有所差别，这就要求宣传教育工作要以不同的时期和不同的管理对象为主要依据，有针对性地确定宣传教育的内容和重点、形式和手段进行，从而保持较好的灵活性和针对性。

（4）滞后性。宣传教育的滞后性也体现在很多方面。人们的认识和思想是对客观事物的反映，鉴于此，要想对被管理者进行一些思想教育工作，就必须在事情发生之后或有些苗头的时候进行。由此可以看出，滞后性对管理者有着一定的要求。这就要求管理者从实际出发，对已经发生的问题进行科学合理的分析，做到以理服人，这样才能使思想教育真正落到实处，从而从根本上激发出人们的动机。

### 四　体育教学管理的计划

在制订相应的体育教学管理计划时，要充分考虑高校体育教学的各项工作，以便对此进行合理的安排。同时，应注意以下两个方面：第一，要使各方面积极性的充分调动得到有力保证；第二，要对教学质量的逐步提高起到积极的促进作用。总的来说，高校体育教学管理的计划包括的内容主要有以下几个方面。

（一）体育教学工作计划

体育教学工作计划是贯彻国家制定的体育教学大纲和教材、科学地安排整个教学工作、顺利完成教学工作目标不可缺少的文件，是体育教师进行体育教学的主要依据。其包括的内容主要有：全年教学工作计划、单元教学计划和课时计划等几个方面。

（二）学年体育工作计划

学年体育工作计划的制订，是在长期规划的基础上，概括国家的教育和体育方针、上级领导机关的指示精神、学校工作的中心任务及要求，总结上学年或上学期体育工作的基础上，通过与学校体育工作的实际情况有机结合起来而实现的。

（三）教师培训计划

社会是不断向前发展的，因此，为了紧跟时代，要求教师在教学过程中不断学习新的知识，不断提高自身的素质。在制订教师培训计划时，要对每个教师的业务水平及学校体育的发展水平、年龄层次，结合教学的实际情况等进行充分的考虑，在不影响教学的情况下轮流进行培训。通过教师培训计划，能够使教师素质得到有效的提高。除此之外，还能够促进教师思想意识的发展以及自我意识的提升。

（四）运动竞赛计划

通过运动竞赛计划，能够对教学质量进行检查，对运动训练水平进行有效的衡量，同时，还能选拔优秀体育人才。具体来说，运动竞赛计划主要包括年度竞赛计划、学期竞赛计划。在制订运动竞赛计划时，要对上级竞赛计划进行充分的了解，并且做到与其相吻合，在时间安排上要利用节假日，项目安排上除考虑竞技体育项目外，还要对学生喜闻乐见的项目进行充分考虑。

（五）业余运动训练计划

高校业余运动训练是高校体育的一项重要任务，积极开展业余训练，能够使学生体质得到增强，运动技术水平得到提高。通常情况下，可以将业余运动训练计划分为个人训练计划、集体训练计划、多年训练计划、学年训练计划、阶段训练计划、周训练计划、课时训练计划等几个方面。业余训练计划能够使学生运动员专项素质的增强得到有力保证。在制订计划时，需要对学生运动员的运动特点进行充分的考虑。

### （六）课外体育工作计划

作为高校体育工作计划的一个重要组成部分，课外体育工作计划包括的内容主要有全校课外体育工作计划、班级体育锻炼计划和个人锻炼计划等几个方面。在制订课外体育工作计划时，高校应将本校实际与学生的具体情况有机结合起来进行合理的安排。

### （七）场馆、器材计划

在制订场馆建设、维护，器材购买、维修计划时，为了保证计划的合理性和可行性，需要对高校体育的发展情况进行充分的考虑，同时，还要注意与学校的实际情况有机结合起来，对有限的财力、物力资源进行合理的配置。另外，在制订场馆、器材计划时，要把握好其最低限度，也即使各项教学活动的正常开展得到有力保证。

## 第二节　体育教学活动的管理

### 一　体育课堂教学管理

体育课堂是学生获得知识的重要途径，通过体育课堂教学管理，能够达到向学生传授体育文化、体育理论知识和体育运动技术技能，培养学生主动参与体育锻炼的兴趣的目的，与此同时，还能够使学生健康素质和活动能力得到提高，为学生培养和形成"终身体育"的思想观念提供一定的帮助，从而为社会造就全面素质的人才。因此，这就要求加强体育课堂教学的管理，从而对整个学校体育教学及学生自身的发展起到积极的促进作用。

### （一）备课管理

体育教师在授课之前，必须要做的一项工作就是备课，这是体育课堂管理的重要内容。因而，管理者要对教师备课提出具体要求，如教案规范、详略程度等。另外，学校相关方面的管理者要定期或不定期对体育教师的教案进行评比，或者可以组织一定的集体备课来提高教师的备课规范性。

体育教师备课应尽量做到精炼、准确、真实、详尽，具体来说，就是要以教学大纲的要求和学校的有关规定为依据进行。另外，还要求体育教师以体育基础、体育骨干、伤病情况等学生的实际情况为主要依据进行备课，同时，也要对场地、器材的实际情况等进行充分考虑，并如实详细记录，要求备课文字精练、准确。

（二）上课管理

上课管理主要从两个方面得到体现。一方面，高校体育管理者要关心和支持体育课的教学，并根据体育课的教学情况提出一定的要求，通过课堂看课、听课，并组织一定的公开课、观摩课，加强对体育课的检查督导。除此之外，管理者还要尽可能为体育课提供必要的条件，为体育教师解决一些实际问题，创造良好的教学环境提供相应的帮助。另一方面，体育教师在一定程度上决定着体育课的管理质量。体育教师的管理工作包括的内容有很多，其中，课堂常规的建立、课的合理分组、场地器材的运用、安全措施的运用、做好思想政治工作、调度和运动密度强度的掌握、教学方法手段的运用、调动学生积极性以及教师本人和学生的服装要求等是比较重要的几个方面，要引起高度的重视。

（三）课后管理

对于体育教师来讲，在体育教学课结束时，体育教师应做的工作主要包括两个方面：一方面，要提出下次课的任务，组织学生收回器材、整理场地，并按时下课；另一方面，体育教师还应总结本次课程的内容，让学生展开讨论，以学生的意见和建议为依据，有针对性地安排好下一次课。

（四）意外伤害事故管理

学校要以国家和省、市有关规定为依据，使教育教学和生活的设施、设备符合安全标准得到有力的确定和保证，对教师履行职责进行积极的监督，根据实际情况采取必要措施，对可能在课堂或者活动期间造成学生人身伤害的危险进行有效的预防，从而使这些情况得到有效的避免和消除。与此同时，还要以学生不同年龄的生理、心理以及教育特点为主要依据，建立健全各项管理和保护学生的规章制度，健全各项安全保障措施，按照安全标准来建立建设相应的活动场所和设施。

当意外伤害事故发生后，作为第一处理者，教师应做好相应的处理工作，具体包含以下两个方面：第一，对于轻伤者，可送医务室治疗，重伤者或者生命危险者应立即转送医院抢救；接着及时通报。第二，发生重大的意外伤害事故时，应立即通知家长、学校领导和当地派出所或有关部门，并对伤害事故发生的时间、地点、原因、后果与处理措施等具体情况做一详细的了解后进行及时的汇报，填写有关意外伤害事故报告。

## 二 体育课外活动管理

体育课外活动管理的内容涉及的方面较多，可以将其大致分为五大类，每一类别又各有其具体的内容，具体如下。

（一）早操、课间操的管理

在确定课间操、早操的管理时，要以学校的具体情况为依据来进行，通常来说，早操、课间操管理包含的内容有以下四个方面。

1. 项目管理

在确定课间操、早操的项目内容时，学校可运用统一安排和自选相结合的方法进行管理。

2. 器材管理

在课间操、早操的场地器材的安排上，学校通常采用集体与分散相结合的方法。

3. 人员管理

当前，学校对人员的管理主要是运用学生干部、班主任、体育教师相配合的方法，在管理上，班主任、任课教师应互相密切配合；要对学生干部作用的发挥引起重视；要做好课间操、体操的宣传教育工作，为学生充分认识"两操"的重要作用，并使其能成为一种自觉行为提供相应的帮助。

### 4. 活动效果管理

在活动效果管理方面，学校通常采用平时考勤与抽查评比相结合的方法进行管理。

### （二）个人体育活动的管理

针对学生的个人体育活动，体育教师可通过指导、咨询、协调等形式介入其间，鼓励、启发学生有计划地进行体育锻炼，启发学生通过结合自身情况，来有针对性地选择活动内容，并且制订符合自身情况的科学锻炼计划。

### （三）班级体育活动的管理

班级体育活动通常是以班级为单位分成若干小组进行的。一般情况下，学校会对班级课外体育活动实践的锻炼时间、内容、组织和生理负荷等方面提出一些相应的要求，因此，为了有效激发和提升学生参与体育活动的兴趣，在进行班级体育训练的管理时，应将训练与体育课教学内容有机结合起来，以"标准"为中心来有针对性地选择具体的项目开展锻炼，也可以将体育活动与学校传统项目和学生感兴趣且简单易行的项目结合起来。

在对班级课外体育活动进行管理的过程中，要将学生体育干部的作用充分发挥出来，通过班主任、体育教师的指导，由班级体育委员在征求全班同学的意见和建议后制订相应的活动计划，组织落实班级体育活动。

### （四）年级体育活动的管理

一般来说，年级体育活动是由体育教研室或体育教研组负责整个年级体育教学的老师和年级主任或组长而协同完成的。具体来说，在进行年级课外体育活动的管理时，要以学校的具体实际以及学生身心发展的特点、体育基础、运动水平等为主要依据来进行，以保证管理的针对性和有效性。

### （五）体育俱乐部活动的管理

校园体育俱乐部是一种在国外比较流行的体育课外活动组织形

式，近年来取得了一定程度的发展。而就目前我国高校体育俱乐部发展状况来说，其主要有两种形式：一种是单项俱乐部，另一种是综合俱乐部。

学校体育俱乐部活动的管理应由专任负责人负责，以学校体育工作的总体规划和课外体育活动计划为主要依据，来做好活动目标、运营方式、人员安排以及经费筹措、场地器材设备的合理配置等工作。

# 第三节　体育教学人员的管理

学校体育教学管理中涉及的人员有很多，这里重点对体育教学的直接对象——教师和学生的管理进行详细的分析和阐述。

## 一　体育教师的管理

通过对体育教师进行管理，能够在全面贯彻体育教育方针的同时，通过管理来达到使体育教师的思想与业务素质水平得到有效提高，体育教师工作积极性得到提升的目的。高校体育教学管理中的体育教师的管理包含的内容主要有以下六个方面。

（一）教师规划管理

教师规划管理包含的内容主要有以下五个方面。

1. 制订体育教师编制计划

体育教学工作的顺利进行，需要具备一定的基础，即对体育教师进行科学编制。在进行科学编制时，要求体育教师的编制与国家教委颁布的相关条例相符，并与在校学生的比例以及学校的体育教学工作量匹配，数量适当。

2. 制订体育课时工作计划

以全日制在校学生或继续教育学生的必修体育课、选修体育课，课外体育活动指导、课余体育训练工作及校内外体育比赛，学生各种《达标》测试等为主要依据，对每位体育教师体育工作全年任务进行公平、合理的安排。

3. 制订体育教师培训计划

体育教师培训计划的制订包括两个方面的内容：一个是短期培训计划的制订，另一个是攻读学位计划的制订。安排体育教师参加专业培训或出国深造，从而使我国不同学校教育层次对体育教师的学历达标的要求得到满足，对学校体育水平的提高起到积极的促进作用。

4. 制订体育教师引进计划

以本校体育教师的编制情况、教师的离休及退休情况、体育项目需要情况等为主要依据，有计划地引进高学历的专业体育教师。

5. 制订体育学术交流计划

学校应安排体育教师参加学术交流活动，使体育教师的科研水平和综合素质得到有效的提升。

（二）教师选拔管理

在体育教学管理中，教师选拔的质量会对体育教学的管理工作产生直接的影响，因此，这就要求在选拔体育教师时，应严格遵循以下两个原则。

首先，坚持广泛选拔的原则。通过多方面努力，不断开辟新的渠道，进一步拓宽体育教师选拔的途径。不管是本校还是外校，是本地还是外地，是国内还是国外，对于与体育教师选拔资格相符的人员都可以进行考虑。

除此之外，在选拔教师时，还要对其思想政治素质、道德品质、业务技术水平进行充分的考量，注重德与才的统一，不可偏颇其一，这也是教师必须具备的重要素质，不可忽视。

（三）教师聘任管理

合理聘任优秀教师，能够对教学工作的开展和教学工作质量的提高起到积极的促进作用。具体来说，在聘任体育教师时，为了保证聘任的质量和合理性，需要遵循以下三点原则。

1. 按岗聘任

学校体育教学应逐渐由"以人为中心"转变为"以事为中心"，从注重个体发展转变为注重整体结构与功能的优化。通过对教师岗位意识的强化，以及教师职责的明确，来使岗位设置不明确、职责不分明、因人设置岗位等现象得到有效的避免。

2. 职能相称

不同的体育教师的专业特长与兴趣爱好也是有所差异的，这就要求对教师的聘任应做到使教师各尽其职，将各自的特长充分发挥出来。

3. 职称评定

学校应努力使体育教师都能享有符合自身素质水平的职称，以此来促进教师发挥最大的工作热情和工作潜能。

（四）教师培训管理

通过参加不同形式或不同机构的培训，能够使教师提升体育教学能力，提高科研水平及综合素质水平，从而达到进一步改善体育教学效果的目的。目前，常见的体育教师培训机构主要有体育学院、体育教师进修学校、自学考试机构、单位体育机构等。对体育教师的培训采取的形式主要有两种，即在职培训和岗位培训。

1. 在职培训

体育教师在原来的职务岗位上参加培训的形式，就是所谓的在职培训。在职培训往往采用业余时间自学、指定专人培训或在夜大、电视大学、函授学校等进行脱产与半脱产的学习等培训方式。

2. 岗位培训

岗位培训是指以当下体育岗位工作的需要和岗位人员的素质要求为主要依据，对体育教师进行的一种有目的组织性培训活动。通过培训，能够使体育教师在本岗位工作所要求的基本知识和教学技能方面得到有效的提升。

（五）教师考核管理

当前，在对高校体育教师进行考核时，应该遵守的原则主要有以下三个方面。

1. 实事求是原则

在考核体育教师的工作中，要做到从实际出发，对主观因素（体育教师）与客观条件（教学环境、教学目标）的共同影响进行充分的考虑。做到实事求是、公平公正地进行考核。

2. 发展性原则

要以发展的态度来对体育教师进行考核，究其原因，主要在于体育教师的思想品德、意志品质、业务水平是不断变化发展的，需要考核与之相符。

3. 全面性与侧重性相结合的原则

全面性原则主要是指考核体育教师的指标要全面，对硬指标（工作量、科研成果等）和软指标（科研成果水平、教学效果等）都要进行充分的考虑，在全面考核中注意侧重性，以具体的考核目标为依据有针对性地选择具体的指标进行重点考核。

（六）教师评价管理

对体育教师的评价主要是在系统的信息收集和定性与定量的分析基础上进行的，体育教师评价采用的方法主要有以下三种。

1. 自我评价

自我评价是指体育教师依据一定的评价标准，如实地对自己的工作质量水平做出评价。需要强调的是，在自我评价方面，教师往往会过高评价自己，这就要求要做到评价的客观性。

2. 领导与同行评价

一般来说，领导评价往往较为严格，评价结果较自我评价的准确性高。而同行对教师的工作内容的了解程度较高，因此，评价的准确度往往也会相对较高。

3. 学生评价

一般来说，学生对体育教师的评价是比较直观的，具有说服力。但是，由于学生受到其自身知识水平、理解能力、喜好等因素的影响，往往使评价的主观性相对较强。

## 二　学生的管理

在体育教学中，对学生进行管理是为了对学生身心健康起到积极的促进作用，顺利高效地完成体育教学工作。具体来说，学生的管理涉及以下四个方面的内容。

（一）学生体质健康管理

目前，我国高校学生的体质状况堪忧，而学生体质是否健康，会直接影响到学校培养人才的质量高低，因此，这就要求必须对学生体质健康进行管理。要做到这一要求，需要采取的措施主要包括：学校有关部门与工作人员积极向学生宣传有关体质健康教育方面的知识，定期对学生进行体质健康检查，建立健全学生健康管理制度，将健全组织机构纳入体育工作计划，并分班、分人整理学生的体质与健康档案，将检查结果纳入学生档案，编写登记后汇入总登记册。除此之外，还要针对体弱、伤残的学生建立专门的体育活动制度，开设体弱、伤残体育与保健康复体育课，做好此类学生的体质健康管理工作。同时，还要对全体学生的体质与健康状况进行深入的分析和研究，采取有效措施使学生身体素质得到有效的提升。

（二）学生课堂纪律管理

学生遵守课堂纪律能够使体育课堂教学效果得到有力的保证，而良好的体育课堂纪律的保证，与两个方面的工作有着不可分割的密切联系。一方面，体育教师在体育课中要对学生的自觉性进行培养。另一方面，学校应通过制定统一的规定，使体育教师向学生提出一致的要求，并在各方面给予密切的配合和支持。

（三）学生课外体育活动管理

对学生课外体育活动进行管理，能够达到增强学生体质，提高体育文化素质，促使学生体育活动可持续发展，促进学生身心和谐发展的目的。学生课外体育活动管理需要遵循一定的原则，具体来说，主要包括以下四个方面。

1. 需要性原则

在安排课外体育活动时，需要注意要对满足学生提高技能的需要、强身健体的需要、实现自我的需要、交往的需要和休闲娱乐的需要起到一定的帮助。

## 2. 多样性原则

由于不同学生的实际需要是不同的，这就要求体育教师在安排课外体育活动项目时，要以此为依据，多安排既有利于促进学生健康，又利于学生终身体育练习的项目，突出多样性，从而使学生的选择性较强。

## 3. 指导性原则

在课堂体育活动中，教师要耐心地对学生进行必要的指导，使学生能够对活动内容和保护方法有充分的了解、认识，并且能够正确掌握。

## 4. 可操作性原则

对课外体育活动项目进行安排，不仅要对学校的体育条件进行充分的考虑，还要与学校的运动场地、器材、设备等实际条件有机结合起来进行合理的安排。

### （四）学生学习评价管理

关于学生学习的评价管理，其评价形式主要有以下三种。

## 1. 教师对学生学习进行评价

教师通过观察学生的日常体育学习态度、技术动作的掌握、出勤情况以及运动潜力等，同时综合考虑体育教学任务以及教学预期，按照统一的评价标准，对学生进行"优、良、可、差"或给予每一个学生一定的分数等形式的评价。

## 2. 学生的自我学习评价

学生的自我评价对于期末或学年末的评价是较为适用的。由于学生出于自尊往往会对自己进行过高的估计和评价，因此，体育教师应注意对学生进行评价指导，把学生的自我评价与功利性分离开来。

## 3. 学生间的学习互评

学生互评主要以技能学习与问题学习的讨论为重心让学生进行互评、互议，学习同伴优点、指出同伴不足。学生互评开始前，教师要教育学生端正对他人正确评价的态度和能力。另外，由于学生之间是较为了解的，因此，很多评价是可以参考和借鉴的。

# 第四节 体育教学管理的完善

## 一 体育教学管理的发展现状

当前，体育教学管理的发展取得了一定的成绩，但是同时，也存在着一些问题亟须解决。这里将重点对体育教学管理发展中出现的问题进行分析，并且为后面完善管理提供一定的依据。

### （一）教师队伍整体素质水平相对较低

当前，我国高校体育教师队伍整体素质相对较低，对高校体育教学具体管理实务质量和效果产生了一定的制约作用。具体来说，体育教师队伍素质的不足体现在以下两个方面。

第一，我国体育教师的培养模式比较单一，往往是体育院校培养的师范类学生或由知名教练员兼任教师。这两种人员在教学技术能力与体育运动经验方面并不能兼具，因此在体育教学活动的组织管理中就会存在一定的不足。

第二，我国大部分学校的体育教师队伍在整体结构搭配的科学性上较为欠缺。这在性别、年龄和学历三个方面有所体现。其中，在性别方面，男性体育教师所占的比例较大，女性体育教师所占的比例则较小；在年龄方面，体育教师整体年龄偏大，年轻有为的体育教师很少；而在学历方面，高学历体育教师人数较少，如我国高校体育教师的职称多为助教、讲师。

### （二）体育教学管理制度较落后

我国高校职能部门中，学校的总教务部门与体育教学管理部门存在着严重脱节现象，这也是导致我国体育教学管理制度落后的直接原因。具体来说，主要体现在以下两个方面。

一方面，体育教学负责具体工作的部门需要遵循体育教育自身发展规律制订教学管理方案，在开展工作中还要特别注意体育院系的特性，在管理中力求"个性"。除此之外，还要接受学校总教务处的领导与管理。

另一方面，学校总教务处需要对学校的各类工作进行处理，在教学计划、教学内容、教学工作量核定等方面容易将不同院校的差异性忽视掉，这就会使体育教学管理部门的积极性得到一定程度的消减。而高校体育教育管理制度落后正是在这种矛盾中所产生并加剧的。

## 二　完善体育教学管理的措施

以上述体育教学管理的现状为依据，完善体育教学管理应该采取的措施主要有以下三个方面。

### （一）严格制定教学管理制度

现代体育教学管理包括的内容有很多，其中，比较重要的有：对日常体育教学的相关常规制度的研究，对管理人员积极能动性的调动，对促进教学秩序正常建立、实现体育教学更加科学化、规范化和现代化问题的研究。当前，加强学校体育教学工作的科学化管理，引进和运用现代化管理方法与手段是一项非常重要且必要的手段和措施，因为这样能够有效增强学校体育教育过程的规范性，使体育教学工作的质量和水平得到提高，从而达到真正实现教学管理的科学化、规范化和现代化的目的。

### （二）加强对学校师资力量的建设

在体育教学管理过程中，学校体育部门要格外重视教师队伍的建设。优秀的体育教师应该具备的条件包括：身心健康、人格健全、专业知识技能丰富、富于创新精神等。这些素质会对学生的学习和发展以及体育教学改革产生较大的影响，意义重大，因此，应该引起重视。在具体的工作中，学校主管部门可有针对性地组织教师进行学术交流和专业技能学习，从而达到教师队伍的教学能力得到有效提高的目的。

除此之外，还应进一步优化教师队伍的结构，使不同性别、年龄、学历以及拥有不同教学和训练经验的教师能够相互学习，共同进步。

（三）全面提高体育教学管理人员素质

作为从事体育教学管理工作的主体，体育教学管理人员有着不可替代的重要地位和作用，因此提高体育教学管理人员的素质对于完善当前体育教学管理具有重要的意义和作用，是一项非常重要且必要的工作。

具体来说，要想达到全面提高体育教学管理人员专业素质和管理素质的目的，需要从以下方面入手：应该高度重视体育教学管理人员的培训工作，以此开拓管理人员的视野，同时，通过相关的机会与途径来使管理人员对现代体育教学管理知识有进一步的了解和认识，从而全面促进其综合素质的大幅度提高，以使其所具备的素质适应新时期、新形势下体育教学管理工作的需要。这是社会发展对体育教学管理人员的要求所在。

# 第九章

# 新形势下体育教育人才的培养

体育教育中的"教"与"学"是一种师生互动的教学行为,并且也是学生聆听或模仿学习相统一的双边活动。这就决定了教学的主体是由教师和学生组成的。本章重点对新形势下体育教育人才的培养进行研究,主要涉及的内容有体育教育专业教学体系研究、体育教育专业学生的培养以及高校体育弱势群体的赏识教育。

## 第一节 体育教育专业教学体系研究

### 一 体育教育专业教学体系的构建

以往,我国各级学校中的体育教师通常都是毕业于专业体育院校的体育教育专业。而在现阶段,我国的体育教师不仅来源于这一渠道,在一些综合性的大学中,体育院系也承担了对体育教师进行培养的职责与任务。近年来,许多中小学校的体育教师大都毕业于综合性大学体育专业。

尽管专业体育院校的体育教育专业为我国培育了大量的体育教师,但是体育教育专业的发展仍然存在明显的缺陷与不足。主要表现在:学生的理论水平与实践水平不对等,前者低,后者高或前者高而后者低;学生没有掌握十分扎实的体育教育基础知识;学生在毕业后的就业范围比较狭窄;学生毕业后不能很快适应社会;学生毕业担任体育教师一职后难以充分发挥自己的职责等。鉴于这些问题的存在，迫切需要提高我国体育教育专业人才培养水平，而这主要是通过对体育教育专业教学体系的积极建立来实现的，下面将着重就体育教育专业教学体系的构建意义、原则及课程设置要求展开详细的分析与研究。

（一）建立体育教育专业教学体系的意义

体育教育事业的发展离不开体育教育专业教学体系的建立对其所产生的影响。所建立的体育教育专业教学体系要具有鲜明的特殊性，这主要是由体育教育本身所具有的特殊性决定的。在体育教育专业教学体系中，"实践"是核心。教育部下发的《关于加强高等学校本科教学工作　提高教学质量的若干意见》中指出："实践教学对于提高学生的综合素质，培养学生的创造精神与实践能力具有特殊作用。"[①]

大体而言，在我国大多数高校的体育教育专业中，理论知识始终是这一专业教学的重点，而有关实践方面的教学却很少甚至没有，这一问题是体育教育专业教学体系建立中需要关注的重点。除此之外，体育教育专业中的问题还表现在：教育实习的组织较为缺乏；没有充分利用现代化教育技术；管理不够规范等。鉴于此，高校中迫切需要加强对体育教育专业教学新体系的建立与完善，以促进体育教师执教能力的提升，促进学生体育教育专业知识的全面均衡吸收，促进学生实践能力的不断提高与综合素质的日益加强。

（二）建立体育教育专业教学体系的原则

1. 渐进性原则

体育教育专业教学体系的建立要遵循渐进性原则，也即要按照从简单到复杂，由单一向多元，由低水平向高水平的规律发展。具体而言，在建立教学体系的实践过程中，要先安排简单的理论教学内容，然后安排教育实习，接着引导学生参与课外教育实践活动，最后给学

---

① 教育部：《关于印发〈加强高等学校本科教学工作　提高教学质量的若干意见〉的通知》，2001 年。

生安排参与校外社会实践的任务等。在遵循这个原则的过程中，体育教育专业的大学生要将每一个教学环节的重点与要点牢牢把握住，对教学内容进行认真研究和体会，以便顺利达到教学目标。

2. 实用性原则

高校体育教育专业的主要任务就是培养优秀的体育教育人才，使这些人才到各级学校实现自己的价值。体育教育专业的大学生要想在毕业后能够尽快适应工作的需要，获得良好的体育教育工作能力，就必须事先在学校中有意识地加强对自身实践工作能力的锻炼，并采取一定的措施来促进自身社会适应力的提高。

经过调查发现，在各级学校中，很少有基层专业的体育教师，通常一名体育教师有许多任务要完成，有许多职责要履行，如日常的体育教学工作、对学校运动队进行组建、对体育比赛进行组织、在比赛中充当裁判、对学生的课间操进行组织与管理等。这就要求教师要有很高很全面的综合素质。鉴于此，体育教育专业的大学生在高校学习期间一定要加强自身实际工作能力的锻炼，使自己的实践能力能够与社会对体育人才的需求相匹配，从而更大程度地发挥自身的价值。

3. 针对性原则

体育教育专业教学体系的建立，需要遵循针对性原则。建立体教专业教学体系主要是为了培养体育教育方面的专业人才，而培养人才的目的又在于解决体育教育中的问题。所以，建立体育教育专业教学体系时，应该首先对各级学校中体育教育方面存在的问题进行调查与分析，在此基础上通过选择恰当的教育方法来对这些问题进行有目的性和针对性的解决。

在对教学体系的总框架与目标体系进行制定时，要首先对学生毕业后要从事的工作的专业特点进行分析，然后对当前体育教育专业学生的知识结构和能力结构展开研究，这样制定出来的框架与目标体系才更为合理。

4. 开放性原则

开放性原则也是体育教育专业教学体系建立中需要遵循的重要原

则之一。这里的开放着重是指高校内部各专业之间、高校之间的相互开放，这对高校互通有无，共享资源，共同发展是极为有利的。

与此同时，开放还包括体育教育专业与体育教育人才需求单位之间的互相开放，这有利于使体育教育专业的学生事先对自己毕业后需要从事的工作有及需要具备的技能有一个大致的了解与把握，从而为之后的实践工作做准备、打基础。高校与社会用人单位之间的开放能够帮助学生提前对进入实践后的状态进行感受，这对其在毕业后从事工作极为有利。

（三）体育教育专业教学体系的课程设置要求

1. 提供给学生丰富的体育实践平台

大多数高校中，学校很少为体育教育专业的学生安排实践活动，这对学生实践能力的提高是不利的。因此，为了能够让学生在实践中得到锻炼与发展，高校要注意对学生采用理论与实践相结合的教育方式，使学生能够从实践参与中获得理论知识。高校也要加强对校内外体育优势资源的大力开发，将更多的参与实践的机会提供给学生。学校在这一方面可以做的工作有，引导学生到健身场所从事健身教练的实践工作；鼓励与其有合作关系的企事业单位开展体育赛事，使体育教育专业的学生做裁判；派遣学生到各级学校中担任体育教师的岗位，完成体育教师的职责等。

2. 加强对实习基地的建设

与提供给学生丰富的体育实践平台不同之处在于，对实习基地的建设工作具有长期性、稳定性、可持续性。很多社会单位都可以被列入实习基地的范畴，如学校、企业及健身俱乐部等。实习单位将各方面的相关信息反馈到高校中，高校以这些最新的信息为依据来调整具体的教学过程。很多高校都会采用这一途径来设置专业课程，因为这是能够使高校与基地双赢的方法。

3. 促进学生实践能力考核体系的不断完善

建立科学完整的实践教学评价体系是对实践教学表示重视，促进实践教学质量不断提高，加强宏观管理的主要手段。① 因为培养学生的实践能力需要花费较长的时间，而且培养的内容十分广泛，目前还没有一个规范统一的量化标准，所以在对体育教育专业的学生的实践能力进行考核的时候，就要求对日常管理制度和考核体系进行建立与完善，以保证客观合理地对学生做出评价。

在评价缺少量化指标的时候，就需要通过结合学生的理论成绩和日常实践活动来对学生进行评价，这主要是为了使评价的公平性和客观性得到充分的保证。在评价中，也可以对体育教育专业学生的实践学习成绩进行全面衡量和综合评定，在对学生进行课程考核中，可以将学生的实习情况作为一项考核标准，这样能够促进考核与评价的公正性、客观性与准确性，也能够使学生综合实践能力的培养目标得到全面的落实。

从上述分析中能够看出，现实社会需要体育教育专业的学生具备较高的实践能力。体育教育专业的学生能否实现理论知识与实践能力的全面发展是高校体育教育教学体系所要解决的重要问题。而体育教育专业的学生是否可以在自己的实践教学中对自己所学知识进行充分与灵活的运用，也是对其专业水平进行评价的重要标准之一。所以说，高校不应等学生在毕业之后自行解决实践能力的问题，而是要充分发挥自身的作用，在学生在校期间，通过各种途径来帮助他们提高实践能力，使其在步入社会后能够避免面对不必要的问题，而建立体育教育专业教学体系就是众多有效途径中的一种。

## 二　体育教育专业教学体系中的考核

### (一) 体育教育专业教学体系考核环节中的问题

学校经常会对学生进行定期考核，它能够反馈出学生在这一时间段的学习成果，能够准确引导学生接下来的学习方向，并可以激励学

---

① 陈琦：《体育院校制定本科专业人才培养方案的思考》，《体育学刊》2007 年第9 期。

生不断努力。除此之外，通过考核，还能够反映出学生的智力、个性与所掌握的知识技能水平。但在现实教育中，高校的考试特别是体育教育专业的考试出现了一些明显的问题，也即对其他学科的考试方法与手段进行一成不变的模仿与照搬，将其运用到体育考试中，具体就是将某个或几个体育知识技能当作考核的主要内容，而对其他知识却丝毫不会涉及，无法对要点进行把握。这样的考核方式其实是脱离了人的本性与人的社会化过程的错误做法。①

数量与质量在传统体育教育专业的考试中受到高度重视，而对学生的能力、心理及综合素质的评价却鲜少关注。这很容易使学生产生一种错误的不求上进的心理，即只要考试的内容掌握了，其他知识就可以不用学习了，及格有学分就可以了。

除此之外，体育教育专业考试中，通常会采用的评价标准与方式往往是"一刀切"的，针对所有学生的考核方法是千篇一律的，而没有对学生的个性加以重视。教师只对学生之间成绩的高低做对比，而对学生前后的进步却不表示重视。教师强调学生要统一进步与发展，却忽视了学生本身的体育基础存在差异。这些评价与考核方法的运用都是不以实际情况为前提的错误做法，没有遵循区别对待的评价原则，学生的体育兴趣与潜能很可能会因为考试而受到压制，其成长也会被考试所束缚，这些均不利于体育教育专业学生的成长与发展，久而久之，学生就会失去学习体育的兴趣与积极性，进而影响其在毕业后的工作问题。

（二）体育教育专业教学体系考核的应用要求

从上一个问题的分析中可以看出，现阶段高校体育教育专业所采取的考核与评价方式是与社会发展的需求相偏离的，与学生的全面发展也是相偏离的。为此，高校体育教育专业应该以全面发展这一指导思想来对考核与评价的内容、标准及方法进行改革，具体如下。

---

① 朱俊仙、滑冰、宋小凤：《二年制体育教育专业教学体系的理论与实践》，《集宁师专学报》2009 年第 3 期。

1. 以全面发展为原则对考试内容进行设定

每个人的个性发展是要适应社会需求的，二者是相互统一的关系，这一点能够从全面发展学说中体现出来。体育教育专业学生个体的存在为其自身的发展提供了可能性，考试的方法能够使学生个体的发展转变为现实的发展，也就是成为社会需要的、与社会发展相适应的人才。体育教育专业考核的方向是受这一专业培养目标的影响的。大学生综合素质的全面发展与具备较强的社会适应能力是现代社会的不断发展对人才提出的基本需求。这里所说的综合素质具体包括五个方面，即思想道德素质、人文素质、业务素质、心理素质和身体素质。① 在这五种素质中，基本的素质是人文素质。所以，高校的相关工作者要对体育教育专业人才的培养目标进行深入的研究，以学生的现实情况及社会的需求为依据对考试内容进行不断拓展，促进考试有效性的不断加强，使学生能够通过参加考试而得到全面均衡的发展。在考试中不仅要重视对学生所掌握的知识技能的考核，还要注重对学生心理素质及综合素质的考核。

2. 以区别对待为原则对评价标准进行设定

针对体育教育专业学生的评价与考核要注意区别对待，避免采用"一刀切"的方法实施考核。适当地增加一些备选的考试内容，使学生能够以自身的能力、兴趣与个性为依据做出合理有效的选择。教师对学生的评价还要参照学生对待体育学习的态度和学生的进步情况这两个重要标准，以此来使评价尽量做到客观与准确。对传统考试方法的改革能够使学生在一个轻松活泼的氛围中学习，能够使学生更正学习就是为了通过考试这一错误的思想观念，使学生明白考试是为了发现不足，改正缺陷，是为了长久的进步与发展，这样学生就更能够自觉地参与到学习中。

3. 以创新为原则对考试方法进行设定

体育教学专业的学生所掌握的专业知识与技能达到基本的教学要

---

① 朱俊仙、滑冰、宋小凤：《二年制体育教育专业教学体系的理论与实践》，《集宁师专学报》2009 年第 3 期。

求后，教师要重点对学生独立思考的能力进行培养，使学生勇于发表自己的见解，能够对一些体育技能进行创新，并把学生这方面的能力作为设定考试方法的依据。这种做法的优势在于：（1）能够对学生掌握体育运动技能的实际情况进行了解。（2）能够对学生灵活运用体育技能的实践能力进行考察。（3）能够对学生的创新能力与应变能力进行考察。

（三）体育教育专业教学体系考核的效果分析

体育教育专业的大学生在校期间会参与多种不同形式与规模的考试，他们会从这些考试中吸取有利的经验，从而在毕业担任体育教师后能够利用这些经验对体育教学观念进行革新。他们所转变的教育观念与行为主要体现在以下五个方面。

其一，以往体育教师只是单纯地将体育理论知识与实践技能传授给学生，而现在他们更加注重对学生综合素质的全面培养。

其二，体育教师更加注重的是学生对所学知识与技能的运用能力的提高与增强。

其三，体育教师注重引导学生对学习中遇到的问题进行创造性的解决。

其四，体育教师注重对其他有效经验与做法的大胆运用与合理借鉴，从而鼓励学生进行创新学习。

其五，体育教师会对教学方法与手段不断进行革新与完善，对知识的传授、能力的培养和素质的提高三者之间的关系能够进行正确恰当的处理。

通过以上五个方面的革新与转变，只重视知识传授的"竞技型""知识型"等传统体育教学中出现的状况会得到突破与改变，体育教学将会变得更加规范与科学。

改革体育教育专业的考试内容、标准与方法后，在体育教育专业课堂教学中，教师会特别关注学生的个性特征、思维能力、与他人交往的能力等；并开始重视通过一些新的教学方法与内容来满足学生在生理与心理方面的需要。学生在课堂教学中的主体地位将会不断被强调，学生的创造潜力将会被不断挖掘。因材施教的教学理念能够在新的教学中日益凸显，进而促进学生在新的教学中不断完善自我。

# 第二节　体育教育专业学生的培养

## 一　体育教学中学生概述

### （一）体育教学中学生的主体特征

学生是在接受前人经验的基础上进行体育学习的主体，学生能动地接受体育知识。学生主体的体育学习过程主要是获得间接经验，而不是直接经验。学生在较短的时间内接受前人经过世代努力的认识成果，他们认识活动的客体主要是既成的前人经验，这与人同自然、社会环境直接接触的对象化活动有相当大的区别。另外，学生获得直接经验的过程只能作为一种辅助的认识活动，他们的体力和智力发展也限制了他们活动的认识程度和能力。即便是在今天大力提倡发挥学生自主性的情况下，仍然要看到其中"度"的重要性，系统学习和掌握前人的精神财富，是日后创造性劳动不可或缺的手段，更是学生成为成熟主体，满足生存和发展需要的必要条件。

学生的学习主要是能动地接受教育信息的过程。从人的大脑活动可以看出学生活动的能动性。在认识活动发生的过程中，大脑不仅反映外界传入的各种信息，而且，还能够对外界的信息进行加工改造，改造的过程既取决于所接受的信息，也取决于人的目的、意图，取决于实现目的、意图的方案和手段以及在活动中对这些方案和手段的及时调整。在体育学习过程中，学生只有在最适当的觉醒状态下才能对外来的信息进行加工、整理，通过大脑皮层特殊功能区的工作，制定自己的活动程序，对自己的心理活动进行控制，根据活动的效果检查自己的工作状况。学生虽然是体育教育传播过程的信息接受者，是信息的终端，但不是消极被动的接受者，学生在加工、改造信息的同时，对体育教师的"教"会做出反应，输出反馈信息。学生接受信息的效果，源于自己的兴趣、价值观、学习准备程度、个人接受能力、学习环境、学习习惯等多种因素。因而，良好的体育教学结果，需要体育教师与学生之间协调配合，二者应该在体育教学同一过程中达到双向适应。

（二）体育教学中学生的地位与作用

1. 学生是体育文化的继承者和创造者

学生在体育学习过程中不断吸收体育文化知识，对体育的理解和感悟也不断更新升华，形成创新性的体育文化。学生不断创造体育文化，并将所学的体育文化代代传承。

2. 学生是体育学习的主体

学生在体育学习过程中占主体地位。学生作为被教育者在体育学习中不仅学习各种运动技能，掌握体育运动的训练方法，而且根据所学知识设计锻炼的计划和方案，以增进健康，促进身体健康发展，为终身体育奠定良好的身体基础。从这个意义上看，学生是体育学习的主体。学生的学习行为在体育教学过程中应该是积极主动的，学生在学习中收获多少主要由学生的"学"决定，即由学生付出多少决定，其次才由教师的"教"决定。

3. 学生是体育教师的合作者

体育教学中有些项目动作是无法由体育教师一个人完成的，如篮球、乒乓球、排球等运动项目的动作教学，它需要在学生的协同下共同完成示范、讲解内容，这样学生才能形成清晰的动作表象，才能更有效地学习动作技能。

二　体育教育专业学生的培养规格

高校体育教育专业学生的培养规格主要体现在以下四个方面。

第一，在对体育教育专业的学生进行培养的过程中，首先要将学生培养成为全面且均衡发展的专业人才，这一点是必须重点强调的。与此同时，培养体育教育专业学生的学习、训练水平与能力也是需要引起重视的。

第二，在体育教育专业的知识结构方面，需要从两方面对学生进行重点培养，一是将体育教育专业的理论知识传授给学生，二是提高学生的专项技术水平与能力。与此同时，最新的体育教育科技方面的知识与必需的外语知识也要传授给学生。

第三，在体育教育专业学生的能力结构方面，创新能力的培养是重中之重，同时也要注意加强对学生语言表达能力、与他人进行沟通与交流能力的培养。

第四，在体育教育专业学生的道德素养方面，要对学生的优良价值观进行培养，促进学生道德意识与集体意识的加强与社会责任感的提高，使学生建立正确的荣辱观与价值观。

### 三 体育教育专业学生社会实践能力的培养

#### （一）培养中存在的问题

#### 1. 学生自身的问题

大学生从事社会实践活动的过程中，大学生就是这一活动的主体，所以主体本身存在的问题是最大的问题，是制约学校对其进行培养的最关键的问题。"不适应"是大学生在参与社会实践活动中表现出来的最明显的问题。具体而言，大学生的"不适应"重点体现在以下四个方面。

（1）大学生之所以不能适应社会实践，首先就是其在意识上出现了问题，大学生对社会实践没有表现出高度重视，也没有充分认识到社会实践的实质。

（2）大学生受传统教育观念的影响较深，在传统观念中有这样一种认识，即所有的行业都是低贱的，都是被人瞧不起的，只有读书是高尚的，是值得敬仰与推崇的，这一错误的观念深深地制约了大学生参与社会实践活动的意识。这就使得大学生在步入社会之后，参与实践的能力极为欠缺，所以对社会实践就难以适应。

（3）现阶段，大学生很少会对参与社会实践活动表现出自觉性与主动性。高校在督促学生参与社会实践的过程中，没有对一些强制性的策略加以适当采用，因此学生很难积极参与其中，即使有学生参加社会实践，也是被动的。

（4）高校学生本身的能力欠缺，在社会实践活动中，其对各项实践工作无法胜任。

2. 学校方面的问题

（1）指导的缺乏。高校在培养体育教育专业学生的社会实践能力的活动中，所做的工作都具有一定的被动性，没有在一些具体的方面指导学生的社会实践。在现阶段的高校体育教学中，一般就是上级向学校传达让学生参与社会实践的命令与任务，而学校为了完成上级的指令与任务而被动地去做这一动作。因此高校所安排的社会实践活动往往都是单一的形式，而且层次模糊，没有明确重点，导致学生所参与的社会实践无法满足学有所用的需求。

（2）专业与实践相脱节。高等院校在对体育教育专业的学生进行社会实践的安排时，并没有以学生所学专业为依据，这就导致学生所学的体育专业知识无法在社会实践中得到运用，也即专业与实践相脱节。

现阶段，在大多数高校中，其为体育专业学生安排的社会实践比较随意，缺乏系统性，没有与体育教育这一专业相挂钩，也没有将学生在不同学习阶段的实际情况考虑进去，所以学生空有一腔热忱和一身技能，在社会实践中却难以将其发挥出来。

（3）教师的问题。高校体育教育专业中教师的问题在学生社会实践能力培养方面也具有重要的影响。通常，大部分高校都没有完善的指导教师制度。体育教师在指导学生社会实践的过程中无法做到及时与连续跟进。

现阶段，社会实践的指导教师之所以不愿意在指导学生社会实践过程中投入更多的时间与精力，主要是因为针对其的考评制度与奖惩制度不完善或失效。这就造成社会实践指导教师频繁跳槽的现象，表现出很大的流动性，教师一旦不定时流动，就无法给予学生连续的指导与帮助。社会实践活动中学生遇到困难与问题时也就难以在第一时间得到教师的帮助与指导。

（4）经费投入不足。高校相关投入经费的欠缺也会制约对体育教育专业学生社会实践能力进行培养的效率。

现阶段，高校体育教育专业参与社会实践需要学校提供充足的资金支持，但实际上学校所投入的资金很难解决现实问题。体育教育专业的学生能否顺利参与社会实践并在实践中取得收获，一定程度上取决于学校是否提供了充足的经费，这些经费是否用到了恰当的地方。

### 3. 社会方面的问题

社会这一团体也在很大程度上影响着高校对体育教育专业学生在社会实践能力方面的培养。在高校培养体育教育专业学生社会实践能力的过程中，社会方面反映出的主要问题就是"不重视"。

根据对目前我国体育教育专业大学生的社会实践情况进行调查与分析后发现，如果大学生被派到社会中的某一单位参与社会实践，这一单位的领导就会认为学生的到来会使单位的负担加重，因此他们对大学生的社会实践活动也就不支持，更不会提供帮助了。

### 4. 政府的问题

除了学生、学校、社会之外，政府也会对高校体育教育专业学生社会实践能力的培养造成影响。从一定程度上来说，大学生参与社会实践活动能否取得良好的效果主要取决于政府了解、认识、关注与重视的程度。尽管现在大多数地方政府对体育教育专业学生参与社会实践活动表示赞同与鼓励，但是在具体的实践中真正落实的却很少。这主要反映在以下两方面。

一方面，政府虽然口头支持大学生参与社会实践，但是没有出台相关政策，也没有在经济上给予一定的投入。政府在现实中没有通过制定一些相关的优惠政策来对大学生主动参与社会实践活动表示鼓励。大学生在参与社会实践中总会表现出一些不规范的行为，政府也没有制定相关法律来进行制约与规范。

另一方面，政府对高校体育专业学生参与社会实践活动的工作由哪个部门负责没有做出明确的安排。

通过以上两个方面的分析，高校为了使学生顺利参与社会实践活动而与社会单位联系时总会遇到困难就不足为奇，因为政府的支持力度远远不够，社会单位也就不会因为不接受大学生参与本单位的社会实践而受到法律的制约。

（二）制约因素

1. 大学生参与意识较弱

高校体育教育专业的大学生成长、成熟与成才的必经途径就是深入到客观实际中，深入到现实社会中，参与社会中的实践活动，其实无论哪个专业的大学生，都需要通过这些途径与方法来不断成长与成熟，进而成为社会栋梁之材。

目前，大学生在高校中是最重要的参与社会实践的主体，他们能否以较快的速度融入社会、适应社会，最根本上还是取决于他们自身，取决于他们能否将自己的主观能动性发挥出来。因此高校需要对学生参与社会实践的能力进行培养，培养大学生这方面的能力有利于对大学生在社会实践活动中的创新与发展起到积极的推动作用，进而有利于大学生所在地经济的发展。

然而，在现实中，高校体育教育专业中有很大一部分大学生对参与社会实践的益处没有认识到，或者认识不充分，对社会实践促进实践能力提高与增强的实质没有清醒地认识到，因此他们在社会实践的参与方面就不会表现出很大的热情与积极性，也就不会主动参与其中。

有些学生尽管参加了社会实践活动，但是在这一过程中并未对主体性的参与原则进行充分贯彻，没有充分发挥自身的主观能动性。他们参与社会实践只是因为学校对此做出了安排，对其做出了规定，他们只是为了完成任务而已，表现出极大的被动性。事实上，很多学生不愿意参与社会实践，而且认为这是他们的压力与负担。此外，有些体育教育专业的大学生在大学生活中只是一味地重视对理论知识的研究与学习，而不去参加社会实践，认为这会影响学习，是浪费时间。这些学生忽略了自己所担负的社会责任，只是狭隘地看到了自身眼前的利益，没有考虑到自己立足社会后的生活。

## 2. 实践操作流于表面

社会实践是体育教育专业的学生在高校接受教育的过程中必修的科目与一项重要的学习内容，然而因为学生众多，再加上学校与社会单位之间的联合缺少实践基地等，所以学校无法有效地组织与监督学生参与社会实践，大部分学校只能让学生自己在社会上去找适合自己专业的实践单位。学校只要求学生在完成社会实践后上交实践单位盖了章的社会实践报告，这样就算是完成了社会实践的任务，由学校给予其应得的学分。

目前现实的状况是，社会实践并没有受到高校体育教育专业学生的重视，学生被动地参与社会实践只是为了获得与毕业证紧密相关的学分。所以，有些学生在填写社会实践报告的时候，就会在网上抄袭一些模板，而在盖章的时候，就找认识的人随便在某一单位盖章，这样就算是将学校布置的社会实践任务完成了。从以上分析可以看出，事实上，学生参加社会实践活动在大多数高校中都是一种表面形式，学校并没有真正认识到其对学生的重要意义，因此也就没有很好地对其进行组织与开展。

## 3. 缺乏完善的考核评价体系

高校在考核与评价体育教育专业学生的时候，并没有认识到考核学生社会实践能力的重要性，也就没有将社会实践能力的考核作为一项重要指标，这就是考核与评价高校体育教育专业学生社会实践能力的体系还没有完善起来的直接原因。在实践考核与评价过程中，没有细化考核指标，即使有些学校将学生的社会实践能力作为了一项评价指标，但是评价的方法陈旧古板，没有真正监督学生的社会实践参与过程。有些高校在组织学生参与社会实践活动的前期是比较认真的，投入了大量的精力与物力，但是社会实践活动结束之后，针对学生的总结工作却没有尽心，他们只是对短期的成果比较重视，却忽视了学生的社会实践能力的长期提高。因此学生即使参与了社会实践，却仍然不会表现出明显的效果，参与社会实践活动的积极意义在学生身上体现得不够充分，学生也就缺乏参与实践活动的动力与热情了。

与此同时，高校存在着教学评估陈旧落后的现实情况。教学评估这一教学行为是用来检验教学目标和教学成果的，它能够对教学结果进行量化。通过教学评估这一行为，可以发现学校在管理中存在的缺陷，促进管理人员认识到这些不足，从而不断去克服与改进。因此高校要加强教学评估，通过评估认识到高校对体育教育专业学生参与社会实践活动管理中存在的问题，从而有针对性地进行解决。

（三）加强体育教育专业学生社会实践能力培养的途径

1. 对体育教育专业培养目标进行明确

随着教育改革的不断深化，高校体育教育专业也要注意进行相应的改革与创新，要充分以新世纪对人才的需要为依据，促进学生综合素质的全面提高，特别要认识到学生毕业之后步入社会发展的重要性，帮助其在高校打好基础，多组织一些社会实践活动，或者布置一些社会实践任务，通过有效的奖惩措施鼓励与激发学生参与到其中，有效促进学生社会实践能力的提高，为学生将来良好地适应社会奠定坚实的基础。

2. 促进教学实践质量的提高

教学实践活动是对高等学校体育教育专业学生进行培养的主要方法与手段，这一途径的目的是通过鼓励学生参与实践活动，使学生获得并提高必需的社会实践能力。所以，学生实践能力的获得与提高也需要通过促进教学实践活动的质量的提高来实现。

现阶段，高校体育教学实践正处于不断变革与发展的阶段，这主要体现在以下五个方面。

（1）适当增加学生参与社会实践的活动。

（2）开展多种形式的实习活动。

（3）充分结合教育调查、教育科研任务与教育实践。

（4）对学生参与实习的内容进行全面安排。

（5）在高校积极开展俱乐部活动等，使学生有更多的机会参与体育实践活动。

3. 加强对课程体系的改革，促进相关评价体系的不断完善

培养与提高高校体育教育专业学生能力，需要不断改进体育教育内容，创新体育教育方法，协调体育教学进程。改革体育教育专业的课程体系首先要充分掌握现代化社会发展对大学生能力的需求，以此为基础，对传统体育教学中的理念与方法进行革新，以社会需求为依据，对体育教育专业各学科的学时及内容进行适当的、合理的调整，并适当增加实践课与能够提高学生实践能力的课程的时间。[①] 与此同时，培养高校体育教育专业学生的实践能力还需要对相应的评价体系进行完善，将学生的社会实践能力作为综合考核的一个指标，以此来使学生自觉、积极地参与社会实践中。

## 第三节　高校体育弱势群体的赏识教育

现阶段，我国社会在不断进步，经济在日益发展，社会中居于弱势地位的群体逐渐得到了社会各界的关注，体育教学也是如此。高校中存在着大量的体育弱势群体，这一群体主要包括没有良好体育基础与某机体功能存在缺陷的学生。一般情况下，如果高校中条件允许的话，会为这些学生提供保健课程。因为在参与体育学习与训练的过程中，这些弱势群体会遇到比常人更多的障碍，所以通常就没有很大的兴趣与积极性参与其中，有时也会因为自卑而产生一些消极的情绪，倘若教师因为学生往往表现出兴趣降低、信心不足等心理倾向在教学过程中针对这些学生不能正确与灵活地采用赏识教育的方法，学生就会变得更加压抑，也就难以像他人一样取得良好的学习效果。

赏识教育这一教育方法的运用主要是以发现学生的优点而实现的，通过发现学生的优点，进而促进这些优点的强化与发展。

现阶段，高校中针对体育弱势群体而实现赏识教育的情况并不多

---

① 肖晶晶：《构建体育教育专业学生社会实践能力培养的"太极"模式研究》，硕士学位论文，长江大学，2014 年。

见，大多数高校还并未认识到赏识教育的重要性，因此深入研究针对体育弱势群体而使用的赏识教育方法是十分重要且必要的。本节着重研究高校体育弱势群体的赏识教育，重点从弱势群体与赏识教育概述、赏识教育对高校体育弱势群体的影响与作用、高校针对体育弱势群体而实施赏识教育的具体途径与方法三个方面进行。

## 一　高校体育弱势群体概述

### （一）初识体育弱势群体

目前，高校在招生过程中，有一个特别突出的特点，即人性化，高校愿意招收由于先天不足或后天原因而造成的机体功能有缺陷的学生，这就是受人性化政策所影响的结果。这些有身体缺陷的学生在参与体育锻炼的过程中需要克服更多的困难，或者完全没有办法参与其中，他们在所有的大学生群体中居于弱势地位，这一群体达成体育教学目标、完成体育教学任务的可能性远远小于其他学生，这些有缺陷的学生我们称之为体育弱势群体。[①]

在步入大学之前，体育弱势群体并没有接受到完整的健康教育，他们所拥有的健康知识是不完整的，缺乏一定的体育意识，所掌握的体育技能也是低水平的，而且在体育运动习惯方面也处于不完备的阶段。而且这类群体往往会受到其他同学的嘲笑与不屑，使其心理上蒙受阴影，从而害怕参与体育学习与训练，进而产生一种抵触情绪。心理上的负面影响又会对这些学生的身体状况造成恶劣的影响，由此就出现了恶性循环。

针对上述体育弱势群体，一些高校专门为他们安排了相应的课程——体育保健课。尽管如此，在体育教学实践中，体育教师依旧通过与教育其他学生一样的教学方法来教育这类学生，只一味地对学生的体育实践技能表示重视，却忽略了这些学生的身体缺陷，这不仅直接影响了这些学生的学习积极性，使其体育理论知识储备与实践能力

---

① 晁嘉文：《对高校学生体育弱势群体的研究》，《青春岁月》2013 年第 10 期。

一直处于低水平状态，而且导致教学效果不断下降。

（二）大学生体育弱势群体的类别

上文中主要论及了机体功能有缺陷的学生，但体育弱势群体并非只包括这一类学生，根据不同的身心问题，可以将体育弱势群体分为如下三类。

1. 生理方面的体育弱势

（1）身体本身存在缺陷。身体本身存在缺陷的体育弱势群体具体是指机体器官功能具有缺陷或者四肢有残疾现象的学生，这些学生因为生理上的不足而无法拥有与其他学生同样的运动能力。生活与学习对这类学生而言本身就是一种负担，而且是难以处理与解决的负担。大多数身体方面存在缺陷的大学生都缺乏自信，总会感觉别人比自己高一等，在平常的生活与学习中，他们甚少会自觉主动地找教师与同学交流与沟通，他们容易自卑，有时也会有自暴自弃的行为表现，甚至有些学生因为无法忍受同学的嘲笑与教师的漠不关心而产生报复心理或仇恨心，从而导致杀人与自杀的悲剧发生。

（2）外貌或体型有特殊。外貌或体型有特殊的学生受别人关注的可能性要大于普通学生，别人对他们的关注更多的是嘲笑，有时候别人会针对这些学生的外貌与体型而起外号。据调查，高校的大学生中，尤其是女大学生，他们的日常学习与生活会因为自己的外貌与体型而受到不同程度的影响。例如，有些女大学生体形健壮，容貌丑陋，她们要承受比其他大学生多得多的压力，所以这些学生通常具有孤僻的性格，不愿与别人接触。

（3）患有某种疾病。有些学生因为先天遗传或后天的原因而患有某种疾病，如狐臭、口臭、脚气等。在平时的生活与学习过程中，患有这些病的学生很难落落大方地与同学及教师进行交流与沟通，因为他们害怕自己的问题被别人发现，担心别人会因为这些而疏远自己，所以他们会表现出很强的自卑感，尽量不与他人主动接触，这严重影响了他们的正常生活与学习。

2. 源于生活的体育弱势

（1）受家庭教育影响而造成的体育弱势群体。家庭教育对大学生的影响是特别重大的，大学生在潜意识中都会受到家长思维方式、生活习惯以及价值取向等的影响。如果家长没有树立正确的体育意识，大学生就会受到不良的影响，这就会使他们成为体育弱势群体。

（2）心理欲望强烈的体育弱势群体。如果大学生的欲望心理过强，那么也属于体育弱势群体中的一种。在校期间，大学生会对未来的社会生活充满向往，他们有很多理想与愿望。但是面对社会现实情况，他们可能会因为家庭经济水平较差而无法实现自己的理想，无法完成拟好的计划。他们也会因为家庭的不富裕而感到自卑，因此不愿意与他人交往，害怕自己的寒酸会受到别人的嘲笑，也就更不愿意参与体育学习与体育锻炼这一需要与他人频繁接触的过程。所以他们的身心就难以得到正常的发展，难以保持良好的状态。

（3）心理上有波动的体育弱势群体。大学生初次步入大学校门之后，面临着新的生活环境与学习环境，这些新环境可以说与之前是有很大不同的。在生活中，他们不再受到约束，可以独立选择自己想要的生活，学习上他们不再被督促，学习的压力也不再给他们造成心理负担。这些改变都会给他们带来身心的不适应，心理落差油然而生，这就会对他们的体育学习造成一定的制约与影响。

3. 社会性体育弱势

大学生作为社会中的一个群体，无时无刻不面临着千变万化的社会环境和文化氛围，这些环境与氛围中含有多种社会元素，其在很大程度上影响着大学生的人格及行为。现阶段社会竞争日益激烈，人们需要竭尽全力发挥自己的能力才能立足社会，在社会上获得发展。大学生在结束大学生活之后就会步入社会发展，他们对社会中存在的激烈竞争早已有所意识，因此在学校中就会表现出争强好胜的心理，有些学生意志并不坚强，他们面对激烈竞争的社会环境难免会失败，进而就会有负面情绪产生，这就会导致这部分大学生成为体育弱势群体。

## 二　赏识教育概述

赏识教育在教学过程中，教师重视对学生长处与优势的赞赏，使学生在内心深处与思想深处能够准确进行自我认识，进而解放自我，获得成功，这就是赏识教育。① 赞赏是赏识教育的核心。

教师在赞赏学生优势的同时，也要对学生的自尊表示充分的尊重，促进学生潜在能力的充分发挥和个性特征的不断拓展。教师一定要信任和尊重学生、理解学生、宽容学生及赏识学生。教师对学生的关心与爱护是实施赏识教育的基础与前提，教师是具有同情心与责任心的教育者，这些能够在赏识教育中充分体现出来。

体育教学中，赏识教育同样适用，特别是针对体育基础薄弱、机体功能有缺陷的体育弱势群体而言，赏识教育更适用，而且更能取得良好的教学效果。教师要善于通过赏识教育来对这类群体进行鼓励，使他们感受到来自教师的爱，从而建立信心，勇于面对困难与障碍，积极参与到体育学习中。

## 三　赏识教育对高校体育弱势群体的积极影响

### （一）促进体育教育视野的拓宽

高校要针对体育弱势群体开展赏识教育，就需要对存在体育弱势学生的兴趣爱好进行充分的了解与掌握，并以此为依据和基础进行体育课教学。这样做能够使体育教学内容具有针对性与全面性，从而使体育弱势群体可以自主选择体育课程，拥有更为广阔的学习空间，从而充分发挥自己的潜能。

### （二）促进素质教育的具象化

体育教学的目的与任务在于促进学生身体素质的全面提高与发展，这主要是通过学生参与体育运动学习与训练来实现的。体育教育是组成素质教育的一个关键部分，这是众所周知的，在体育教学中采

---

① 罗敏：《论高校体育弱势群体的赏识教育》，《新西部》2015 年第 3 期。

用赏识教育的方法能够不断强化体育教学的实践应用功能，学校所开展的体育运动项目及选择的教学内容会不断使体育弱势群体的运动需求得到满足，从而将科学、具象、全面的教学指标提供给体育教育，促进素质教育的蓬勃发展。

（三）培养学生终身体育理念

在高校体育教学中，短时间的体育运动学习与锻炼无法使体育弱势群体的身体、形态、体育能力等方面的问题得到解决。针对体育弱势群体而开展的赏识教育能够引导学生对体育运动进行深入认识与了解。经过体育教师的指导，体育弱势群体对参与体育运动学习与训练的兴趣会不断提高，从而能够养成良好的体育锻炼习惯。良好的体育习惯与日益高涨的体育热情可以让体育弱势群体终身受益，这是不可否认的事实。

### 四　高校针对体育弱势群体实施赏识教育的途径

（一）师生之间要相互接纳、认可

麦道卫博士（美国教育学专家）认为，接纳使我们知道自身存在的意义，赞赏使我们知道自己所做事情的意义。[①] 如果学生受到了来自他人的肯定与赞美，就会对自己的重要性有更深的认识。

在高校体育教学中，体育弱势群体比较排斥体育课，因为这会将他们的弱点鲜明地暴露在他人面前，从而显示出他们的明显不足。在体育教学中，存在缺陷的学生会在心理上不接纳这一课程，如果教师强迫有缺陷的学生参与课堂学习中，就好像双方已经处于一种相互对抗的状态中。在这个时候，教师要想办法使学生感受到安全，使学生愿意主动参与体育学习与锻炼中，并使学生意识到他们参与体育运动是有价值与意义的，而这一办法的核心就是让学生感到自己是被无条件接纳的。

---

① 马行风：《对高校体育弱势群体的赏识教育方法研究》，《南京体育学院学报》（自然科学版）2004 年第 4 期。

　　教师发自内心的表扬与赞美是每个学生都希望的。然而，事实上，在许多学生的学习过程中受到来自教师的表扬并不多，而体育弱势群体受到的表扬可能就更少了。因为在体育教学中，弱势群体几乎很少受到教师的赞美，所以一旦教师偶尔赞美他们一次，他们就会有警觉心理，就会怀疑教师是否在真诚地发自内心地赞美他们。而要想打破学生的疑虑心理，就要使学生感受到教师在发自内心地接纳他们，如此，师生之间才能进行纯粹的互动。

　　师生之间的互相接纳当然也包括学生对教师的接纳，这具体是指学生要消除对教师的怀疑心理，当教师夸赞自己时，要对教师的赏识表示接受，要懂得与教师沟通情感，只有这样，才能将赏识教育的功能与价值充分发挥出来。因此可以说，师生之间相互接纳与认可是实施赏识教育的基础。

　　（二）对体育弱势群体的思想表示关注与重视

　　体育教学中，各个体育项目的完成对于正常学生而言是较为容易的，但对于存在体育弱势的学生而言却很难，这是由这类学生的运动能力很差造成的。从教育心理学出发，在对体育弱势群体展开具体教育时，教师要将更多的关心、鼓励与支持分给这类学生。教师在制订教学计划时，要充分考虑到弱势学生的缺陷，安排一项简单的运动，不要过高要求运动技能，鼓励存在体育弱势的学生参加这项体育活动，使其将自己的能力展现给大家，并增强自己的信心与勇气。

　　除了安排简单可行的体育运动外，教师还要积极暗示与鼓励弱势群体，在他们参与运动的过程中不断重复"没关系""你可以"等鼓励性话语，为他们加油。体育弱势群体比较自卑，容易滋生一些负面心理与情绪，教师要加强与这类学生的沟通与交流，对他们的内心应加以深入了解，对他们的倾诉要耐心地听，掌握他们的内心活动，如此才能避免伤害他们的自尊心，才能根据他们的需要为其安排一些增强自信的活动。

（三）教师积极做出角色转变

教师不仅要组织课堂教学，而且还要传递知识与技能，因此在体育教学中教师担负着重要的责任。在传统体育教学中，教师的角色定位就是传授知识与技能的教育者，其很少与学生进行沟通与交流，与体育弱势群体的沟通就更少了。鉴于此，教师要灵活地对自己的教育者角色做出转变，要通过换位的方法，站在学生的立场来对赏识教育实施与发扬，进而促进赏识教育内涵的多元化与丰富性，使赏识教育在体育教学中的作用凸显出来，具体可以从以下两方面进行。

一方面，体育教师有意识地转变学生的角色，将体育弱势群体作为体育教学的主体，让其他学生辅助弱势学生完成体育训练。需要注意的是，教师要事先做好保密工作，避免使弱势学生过早知道自己的安排与意图，而是要对具体的运动机制与教学结构做出隐秘的调整，并通过对其他新型教学方法的应用来使学生在体育教学中愉快学习，受益匪浅。

另一方面，体育教师要善于对体育教学的发展动向进行约束与控制，要掌握赏识教育这一教学策略，善于对自己与学生之间的视角矛盾进行平衡与解决。此外，教师还要严于律己，做好榜样，及时发现自己存在的不足，对自己的错误观念进行改正。

（四）对弱势学生的长处要及时发现

在体育教学中，体育弱势群体因为难以完成一些运动项目而经常会表现出明显的缺点与错误，教师很容易察觉到这些错误，而且会习惯性地对其进行批评与指责。大部分体育教师认为，发现学生的错误很容易，而且批评也很容易，但是要发现学生的长处而对其加以赞扬却显得有点困难。而有些学生在体育学习与训练中对教师的批评也逐渐习惯了，所以对教师鼓励与赞扬的期待就会减少。

从现代管理学的角度来说，如果管理者对任务进行布置时用的是鼓励的语气，被管理者就会为了自尊和荣誉而充分发挥自身潜在的能力来完成上级布置的任务。① 在体育教学中，教师要及时并善于发现体育弱势群体的优点，哪怕是特别小的闪光点也要加以表扬，表扬要发自内心，不能敷衍。教师也要及时肯定弱势学生在学习中所取得的进步，即使进步很小，也不要吝啬赞美。如果弱势学生完成动作时大部分是不规范的，而少部分是正确的，教师也要对他们正确的动作加以肯定与赞美，并鼓励他们下次做到更好，使学生有勇气、有决心完成更高的目标。有些学生因为身体缺陷而总是不能正确完成动作，这时教师不要一味指责，而是要给予其更多的鼓励与指导，使其不断取得进步。

有些体育教师在弱势学生不能准确完成体育运动时就会对其进行冷嘲热讽，甚至是严厉的批评。对于体育弱势学生而言，不能准确做出规范的体育动作，不能完成体育教学目标，他们自身已经十分难过了，如果教师这时对其展开批评，就容易使学生产生逆反心理，甚至对教师和体育课产生敌对心理，甚至会永远失去学习体育的勇气与兴趣。

在体育教学中，如果体育弱势学生的行为存在重大过失，教师要对其进行适度的批评，这里特别强调适度，因为他们的心理承受能力要低于其他学生，如果批评过重就会引起他们心理上的负面问题。教师对他们的批评要动之以情、晓之以理，要指出他们的不足，引导他们改正，鼓励他们下次争取进步。

总而言之，教师对体育弱势群体的赞扬要及时，要尽可能多地赞赏，批评要简短中肯，要循循善诱。教师批评弱势学生时，应尽量避开公共场合，以维护这类学生的自尊心。

（五）革新体育教学内容与方法

现阶段，体育教学思想呈现出开放性的特征，因此体育教学课程的组织与体育活动的开展要注意功能性、娱乐性及时代性，具体来说，可从以下三个方面进行。

---

① 晁嘉文：《对高校学生体育弱势群体的研究》，《青春岁月》2013 年第 10 期。

　　首先，与体育教育实践相结合，对体育弱势群体在学习中出现的问题与困难，找出有针对性的恰当的解决办法。与此同时，针对体育弱势群体的教学要以基础教育为主，以技巧教学为辅。此外，要及时将体育教学中的安全理念及思想灌输给学生。

　　其次，对竞技类的体育教学内容进行革新。高校不仅要开展传统体育运动，如三大球、三小球、田径等，也要注意加强对健美操、体育舞蹈、游泳等课程的开设，这些运动项目没有太大的运动强度，而且内容丰富，教师可以通过开展多种形式的、活泼有趣的课程来吸引、感染体育弱势群体，使他们萌生参与的冲动，进而逐步参与其中，这对其心理的健康发展是极其有利的。

　　最后，教师要将体育健身的基础知识与方法传授给体育弱势群体，鼓励这类学生在平时多健身，多学习健身的方法，以此来促进有缺陷学生身心素质的全面提高与运动能力的不断增强。

（六）对学生的参与态度和努力过程加以赞扬

　　因为自身身体方面的缺陷与不足，体育弱势学生大都害怕上体育课，有些身体存在疾病与缺陷的学生可能一生都无法在体育运动中表现出高水平，或者根本就无法参加体育运动。对这部分体育弱势学生，教师首先要对其进行细致的、认真的教育，此外要注意加强对这类学生的评价。需要注意的是，教师对这类学生的评价重点在于教学过程，而非最终的学习成绩。教师要评价的内容包括体育弱势学生参与体育学习与训练的态度，学生努力进行体育学习的程度，学生的进步幅度等，通过评价促进学生自信心的增强与运动能力的提高。

　　普遍来讲，体育弱势学生害怕参加体育活动主要是担心表现不好，害怕失败，担心因此而受到别人的嘲笑，这不仅会对他们参与体育学习的兴趣与热情造成不良影响，而且也会使他们难以体会到体育运动带来的乐趣与满足。作为传道授业解惑的体育教师，不仅要对体育弱势学生参与体育学习与训练这一行为大加赞扬，而且要通过自己的态度对学生造成积极的影响，对有良好体育教育基础的学生的教育更要加以注重，应对他们参与体育的态度与过程表示尊重和欣赏，要运用发自内心的语言来肯定他们，要向他们流露出最真诚的赞赏的目光，以使学生感受到教师的关心与热情，从而更有信心参与体育学习，进而获得更多的成功体验。

# 参考文献

［1］蔺新茂、毛振明：《体育教学内容论》，北京体育大学出版社2014年版。

［2］毛振明：《体育教学论（第2版）》，高等教育出版社2011年版。

［3］周登嵩：《学校体育学》，人民体育出版社2004年版。

［4］龚正伟：《体育教学论》，北京体育大学出版社2004年版。

［5］肖林鹏：《现代体育管理》，北京体育大学出版社2009年版。

［6］胡爱本：《体育管理学导论》，高等教育出版社2004年版。

［7］冯卉：《体育教学之美学》，《辽宁师专学报》2006年第2期。

［8］龚坚：《现代体育教学论》，西南师范大学出版社2009年版。

［9］潘凌云：《体育教学模式探讨》，硕士学位论文，华中师范大学，2002年。

［10］史兵：《体育教学论》，陕西师范大学出版社2006年版。

［11］邓星华、谭华：《新编体育教学论》，华东师范大学出版社2008年版。

［12］杜俊娟：《体育教学设计》，北京体育大学出版社2007年版。

［13］杨雪芹、刘定一：《体育教学设计》，广西师范大学出版社 2008 年版。

［14］邓凤莲：《体育教学设计系统观和设计程序研究》，《体育教学》2011 年第 11 期。

［15］张玉生：《体育教学设计的新视角》，《体育教学》2001 年第 10 期。

［16］张伟、李智：《浅谈现代教育技术在体育教学中的应用》，《学苑教育》2013 年第 9 期。

［17］肖晶晶：《构建体育教育专业学生社会实践能力培养的"太极"模式研究》，硕士学位论文，长江大学，2014 年。

［18］吴迪：《论普通高校体育教育专业学生能力培养》，《体育科技文献通报》2015 年第 5 期。

［19］李启迪、邵伟德：《体育教学基本理论研究》，北京师范大学出版社 2014 年版。

［20］马行风：《对高校体育弱势群体的赏识教育方法研究》，《南京体育学院学报》2004 年第 4 期。

［21］晁嘉文：《对高校学生体育弱势群体的研究》，《青春岁月》2013 年第 10 期。

［22］罗敏：《论高校体育弱势群体的赏识教育》，《新西部》2015 年第 3 期。